A CELEBRAÇÃO DE CONTRATOS DE REPORTE
POR SOCIEDADES GESTORAS DE FUNDOS
DE INVESTIMENTO MOBILIÁRIO

SOFIA LENCART

A CELEBRAÇÃO DE CONTRATOS DE REPORTE POR SOCIEDADES GESTORAS DE FUNDOS DE INVESTIMENTO MOBILIÁRIO

Problemas suscitados pelo artigo 11º
do Decreto-Lei n.º 276/94, de 02 de Novembro

ALMEDINA

TÍTULO:	A CELEBRAÇÃO DE CONTRATOS DE REPORTE POR SOCIEDADES GESTORAS DE FUNDOS DE INVESTIMENTO MOBILIÁRIO
AUTORA:	SOFIA LENCART
EDITOR:	LIVRARIA ALMEDINA – COIMBRA www.almedina.net
DISTRIBUIDORES:	LIVRARIA ALMEDINA ARCO DE ALMEDINA, 15 TELEF. 239 851900 FAX 239 851901 3004-509 COIMBRA – PORTUGAL
	LIVRARIA ALMEDINA – PORTO RUA DE CEUTA, 79 TELEF. 22 2059773 FAX 22 2039497 4050-191 PORTO – PORTUGAL
	EDIÇÕES GLOBO, LDA. RUA S. FILIPE NERY, 37-A (AO RATO) TELEF. 21 3857619 FAX 21 3844661 1250-225 LISBOA – PORTUGAL
EXECUÇÃO GRÁFICA:	G.C. – GRÁFICA DE COIMBRA, LDA. PALHEIRA – ASSAFRAGE 3001-453 COIMBRA Email: producao@graficadecoimbra.pt
	FEVEREIRO, 2000
DEPÓSITO LEGAL:	147712/00

Toda a reprodução desta obra, por fotocópia ou outro qualquer processo, sem prévia autorização escrita do Editor, é ilícita e passível de procedimento judicial contra o infractor.

À minha Avó

Aos meus Pais
Às minhas Irmãs

Ao João

ÍNDICE

NOTA INTRODUTÓRIA 13

CAPÍTULO I
DO CONTRATO DE REPORTE

1. Apreciações gerais 17

2. Tentativa de uma localização histórica 18

3. Principais construções doutrinais e reparos pertinentes apontados
   por RUY ENNES ULRICH 21

4. A questão da sua legitimidade 29

5. Análise dos seus elementos constitutivos 33

6. Apreciação de algumas das teorias mais relevantes acerca da natureza jurídica do Contrato de Reporte 48

   A. Teorias do Empréstimo 49
   B. Teorias Intermédias: a Teoria da Venda a Retro 58
   C. Teoria da Compra e Venda 60

7. Conclusões 63

CAPÍTULO II
DAS SOCIEDADES GESTORAS DE FUNDOS
DE INVESTIMENTO MOBILIÁRIO

1. Os Organismos de Investimento Colectivo em Valores Mobiliários .. 65

2. Os Fundos de Investimento Mobiliário (os "FIM") 66

CAPÍTULO III

A PARTICIPAÇÃO DAS SOCIEDADES GESTORAS DE FUNDOS DE INVESTIMENTO MOBILIÁRIO EM CONTRATOS DE REPORTE: A SUA VIABILIDADE À LUZ DO REGIME INSTITUÍDO

1. O Contrato de Reporte ocultará um Empréstimo? 75
2. Âmbito da actividade gestora das Sociedades Gestoras de Fundos de Investimento Mobiliário 76
3. Interpretação do Artigo 11º do Decreto-Lei n.º 276/94, de 02 de Novembro[1] 79

CONCLUSÕES 82

BIBLIOGRAFIA 85

---

[1] Deve desde já advertir-se que as alterações que o Decreto-Lei n.º 323/97, de 26 de Novembro e o Decreto-Lei n.º 323/99, de 13 de Agosto introduziram ao Decreto-Lei n.º 276/94, de 02 de Novembro não prejudicam as nossas reflexões sobre a questão em torno da qual se desenvolve o presente trabalho, embora a última intervenção legislativa nesta matéria represente um passo definitivo para a sua resolução, como veremos.

NOTA PRÉVIA

O presente estudo foi elaborado no âmbito do estágio profissional realizado no Departamento de Serviços jurídicos do Banco de Portugal, Núcleo de Mercado de Capitais, durante o primeiro semestre do ano de 1997.

A autora agradece ao Banco de Portugal e, de um modo especial, ao seu Administrador, Senhor Professor Doutor Diogo Leite de Campos, a oportunidade oferecida, bem como a autorização para esta publicação.

APRESENTAÇÃO DO TEMA

A resolução da questão que constitui o título do presente trabalho, numa altura em que o quadro normativo vigente não contemplava directamente o problema, exigiu uma análise cuidada das duas realidades jurídicas em confronto: o contrato de reporte e as sociedades gestoras de fundos de investimento mobiliário.

Procurando conhecer a natureza jurídica do reporte, como figura contratual dotada de extrema peculiaridade, começámos por tentar situar historicamente o seu aparecimento, para que, conhecendo as necessidades que estiverem na sua génese, determinássemos a sua função jurídico-económica própria (elemento decisivo da sua especificidade relativamente a figuras próximas). Decompondo-o depois nos seus elementos constitutivos, quisemos desmistificar e clarificar uma estrutura complexa que para muitos autores insinuava finalidades obscuras e ilícitas. E, por fim, a tomada de posição sobre a *vexata questio* da sua natureza jurídica, exigiu a análise de algumas das principais teorias sobre o tema, por nós rejeitadas com o argumento de que o contrato de reporte tem de ser visto «como um contrato de uma nova espécie», «um novo produto jurídico».

A propósito da figura dos fundos de investimento mobiliário, preocupámo-nos sobretudo em transmitir uma imagem completa, traçada em contornos necessariamente largos, realçando a novidade que este instrumento financeiro representa relativamente aos já existentes, sobretudo quanto ao modo como permite combinar os três factores decisivos de qualquer estratégia de investimento: nível de risco, rentabilidade e liquidez.

NOTA INTRODUTÓRIA

A simples leitura do título do presente trabalho, confrontado com a norma contida no artigo 24° do Decreto-Lei n.º 276/94, de 02 de Novembro, na redacção que lhe foi dada pelo Decreto-Lei n.º 323/99, de 13 de Agosto, é capaz de suscitar alguma perplexidade, pois a verdade é que a questão central em torno da qual se vão desenvolver todas as nossas reflexões encontra-se hoje definitivamente resolvida por aquela disposição legal.

Com efeito, a complexidade da questão parece ultrapassada quando encontramos um texto, como o da referida solução normativa, que admite, sem a menor dúvida, a possibilidade de os fundos utilizarem *«técnicas e instrumentos adequados à gestão do seu património, (...) mediante, designadamente, a utilização de instrumentos financeiros a prazo, operações de empréstimo e de reporte de valores mobiliários»* (sublinhado nosso)[2].

---

[2] Ainda antes de a questão ter sido solucionada pelo próprio diploma que define o regime jurídico dos fundos de investimento mobiliário, na redacção que lhe foi dada pelo referido Decreto-Lei n.º 323/99, de 13 de Agosto, já em 1997 a Comissão do Mercado de Valores Mobiliários tinha emitido um regulamento onde expressamente previa a realização de operações de reporte por conta dos fundos de investimento mobiliário pelas respectivas entidades gestoras – **Regulamento da CMVM n.º 14/97, de 08 de Outubro**, publicado no Diário da República, 2ª Série, n.º 245, de 22 de Outubro -, dando deste modo resposta ao problema colocado.

Entretanto **este Regulamento foi revogado pelo Regulamento da CMVM n.º 10/98, de 05 de Agosto**, publicado no Diário da República, 2ª Série, n.º 191, de 20 de Agosto, no seguimento da **Portaria n.º 476/98, de 29 de Abril** (*in* Diário da República, n.º 112, de 15 de Maio) que, à semelhança do que já havia sido feito relativamente às operações de reporte (através da Portaria n.º 291/96, de 10 de Dezembro), veio autorizar a Associação da Bolsa de Derivados do Porto (a seguir identificada pela abreviatura ABDP) a prestar serviços integra-

14   *A celebração de contratos de reporte por sociedades gestoras de FIM*

Todavia, nem sempre foi assim, e quando nos foi sugerido que reflectíssemos sobre este assunto estávamos numa fase praticamente "embrionária" da figura do contrato de reporte no contexto financeiro, de modo que a resolução de qualquer problema que surgia era forçosamente dificultada não só pela falta de regulamentação específica sobre a matéria mas sobretudo devido à significativa especificidade da natureza jurídica e da estruturação deste instituto.

Assim, depois de a Portaria n.º 291/96, de 10 de Dezembro, ter criado as infra-estruturas necessárias à implementação de operações de reporte sobre valores mobiliários e instrumentos do mercado monetário, concedendo autorização à Associação da Bolsa de Derivados do Porto para prestar os serviços integrados de registo, compensação e liquidação dessas operações, passou a dominar o centro dos trabalhos a elaboração de um modelo contratual típico adequado a configurar tais operações.

E foi no começo do primeiro semestre do ano de 1997, quando estávamos a iniciar o Estágio no Departamento de Serviços Jurídicos do Banco de Portugal, no Núcleo de Mercado de Capitais, que nos foi apresentada a questão de saber se a utilização deste instrumento que então começava a ganhar forma poderia ou não vir

---

dos de registo, compensação e liquidação de **operações de empréstimo de valores**, permitindo-lhe também, se assim entender, intervir como contraparte nas mesmas operações.

Assim, deve entender-se que, na sua essência, a resposta para o problema a que se reconduz a presente exposição foi primeiramente apresentada pelo referido Regulamento n.º 14/97, e o Regulamento que o veio substituir – o Regulamento n.º 10/98 –, veio apenas alargar o âmbito das operações de empréstimo de valores, nomeadamente quanto às entidades passíveis de intervirem como contraparte do fundo nessas operações.

Resta-nos ainda dizer que entendemos que esta solução normativa não prejudica o conteúdo do nosso estudo, onde o por vezes acentuado teor técnico-jurídico das reflexões desenvolvidas deve ser visto no contexto de então, onde a este respeito, dada a falta de regulamentação específica, eram muito mais as dúvidas do que as certezas, pois que na altura da redacção do nosso estudo a Comissão do Mercado de Valores Mobiliários ainda não havia emitido o referido Regulamento n.º 14/97, que abordava pela primeira vez a questão que foi objecto das nossas reflexões.

Nota Introdutória

a ser prejudicada por aquelas normas que proibiam a determinadas entidades financeiras, nomeadamente as sociedades gestoras de fundos de investimento mobiliário, contrair empréstimos e conceder crédito, dada a proximidade que se via entre estas operações e o reporte.

Ora foi neste cenário que a matéria foi inicialmente abordada, de modo que se compreende que fosse de todo impossível apresentar uma resposta imediata e breve, pelo que, mais do que uma preocupação em encontrar uma resposta certa, procurámos antes que as soluções apresentadas para as diversas questões que foram sendo suscitadas ao longo da exposição fossem fundadas e coerentes, de modo a que no final nos encontrássemos capazes de fornecer uma conclusão lógica e bem sustentada.

E as reflexões que então desenvolvemos conduziram ao presente trabalho onde, antes de tratarmos de imediato daquele que é em rigor o objecto deste estudo, entendemos ser mais conveniente delinear o plano de exposição que nos propomos seguir em ordem a encontrar uma solução aceitável para o tema proposto.

Assim, começaremos por abordar um dos dois institutos que a questão enunciada necessariamente coloca em confronto: **o Contrato de Reporte**. Partindo do seu enquadramento histórico, em ordem a conhecer as razões que ditaram o seu nascimento como figura jurídica autónoma, passaremos à sua definição, procurando, posteriormente, apreciar os respectivos elementos constitutivos, condições essenciais da sua existência, os seus princípios gerais e as regras jurídicas que compõem a sua disciplina específica, terminando por analisar a complexa questão da natureza jurídica do Contrato de Reporte a que, em última instância, se reconduz a apreciação do tema proposto.

Assim melhor familiarizados com o seu sentido intrínseco e com a motivação subjacente a este instituto, propomo-nos posteriormente seguir igual esquema expositivo para a outra figura que importa conhecer: **as Sociedades Gestoras de Fundos de Investimento Mobiliário,** procurando determinar em que consistem, como se estruturam, os princípios por que se regem e os objectivos financeiros que realizam, de modo a que assim se compreenda e

16   *A celebração de contratos de reporte por sociedades gestoras de FIM*

justifique o crescente sucesso de que gozam desde o seu aparecimento.

Efectivamente, entendemos que a solução para a questão apresentada depende intimamente duma profunda compreensão das duas
realidades aqui em jogo, que deverá certamente ultrapassar o mero
campo conceptual e teórico e exigirá, pelo contrário, a apreensão
da essência dos institutos, de forma a ver em que medida se combinam, um (o Contrato de Reporte) ao serviço dos objectivos do
outro (as Sociedades Gestoras de Fundos de Investimento Mobiliário), ou se excluem, na medida em que o modo de funcionamento
do primeiro contrarie princípios fundamentais por que se rege a
actuação dos segundos.

CAPÍTULO I

DO CONTRATO DE REPORTE

1. Apreciações gerais.

Como já referimos na nota introdutória ao presente estudo, seria certamente contrário a qualquer método de exposição temática procurarmos a solução solicitada sem que primeiro nos familiarizássemos com os institutos que ela coloca em confronto. Efectivamente, para sabermos se as Sociedades Gestoras de Fundos de Investimento Mobiliário podem ou não participar em Contratos de Reporte, não podemos descurar a íntima compreensão desta figura contratual, que não se bastará com um estudo, ainda que detalhado, das várias construções doutrinais que foram sendo elaboradas numa tentativa de encontrar uma noção teórica capaz de abarcar a globalidade de um tão complexo mecanismo. Importará, isso sim, tomarmos consciência do seu subtil e multifacetado modo de funcionamento, que faz deste organismo contratual uma realidade de difícil penetração e que, em última análise, acabará por nos conduzir à apreciação da *«vexata questio»* da sua natureza jurídica.

Também nós teremos de nos defrontar com tal problemática de teor técnico-jurídico e optar (ou não) por uma das teorias que a este respeito foram sendo cuidadosamente construídas, já que a resposta ao problema proposto dependerá necessariamente do modo como o Contrato de Reporte deva estruturalmente ser encarado.

Atendendo todavia à complexidade da questão, pretendemos deixar a sua abordagem para uma fase mais avançada do nosso estudo, quando já estivermos munidos de "ferramentas" elementares, como sejam desde logo a noção de Contrato de Reporte, os seus elementos constitutivos e os princípios e regras gerais por que se rege.

Assim, afigura-se-nos prioritário, no desenvolvimento do estudo de uma figura que revestirá sempre uma certa excepcionalidade, apesar de não ser já uma inovação, localizar o momento do seu nascimento, pois, só conhecendo as exigências que, a dada altura, reclamaram um instrumento jurídico diferente dos existentes, seremos capazes de determinar as finalidades sócio-económicas ao serviço das quais se encontra.

2. Tentativa de uma localização histórica.

É assombrosa a justiça e a actualidade das palavras de VIVANTE, citadas por RUY ENNES ULRICH na sua obra «Do Reporte no Direito Comercial Português», considerada por todos como um verdadeiro tratado na matéria (Coimbra – Imprensa da Universidade – 1906, pág. 45). Com efeito, já no princípio do século se afirmava que «o Reporte é uma operação séria, que dá lugar a uma efectiva transferência de títulos, e desempenha uma função tão importante que nenhum país poderia renunciar a este **instrumento de vida e de progresso económico**».

Ainda que esta citação nenhum esclarecimento concreto nos preste sobre a figura (não será certamente aqui que vamos encontrar a definição teórica capaz de nos servir de ponto de partida para o nosso estudo), entendemos, todavia, que por ela deveríamos iniciar a nossa exposição, já que nos surpreendeu sobremaneira a «evidente importância e preciosa utilidade» que já então eram reconhecidas à figura do Reporte.

Inegavelmente um instituto de complexa estruturação, o certo é que foi assim que o Reporte surgiu como negócio jurídico autónomo, necessariamente como resposta às solicitações do desenvolvimento económico da época. Ainda que a localização cronológica do seu aparecimento seja uma questão aparentemente irrelevante face ao assunto cujo estudo nos foi proposto, entendemos, contudo, que através do conhecimento do panorama social que envolveu o seu nascimento será possível apurar quais as exigências a que pro-

Capítulo I 19

curou dar resposta e que determinaram a sua concreta configuração, contribuindo, em, último termo, para nos ajudar a compreender o sentido último subjacente à figura.

É manifestamente impossível situar num ponto temporal preciso o surgimento desta figura que cristaliza no campo do direito operações de troca de extrema complexidade. Assim privados duma data certa em que possamos fixar o seu nascimento, sabemos todavia que o seu tempo de gestação se localiza numa época em que o comércio de títulos e a prática de operações de crédito tinham já atingido um relativo grau de perfeição, pelo que o Contrato de Reporte será forçosamente influenciado pelas exigências daquele mercado, a que procurará dar resposta.

Conscientes de que o corpo social se apresenta como um todo intimamente inter-relacionado, certamente que não podemos pretender estudar um determinado fenómeno desvinculado de todos os demais que assistiram ao seu nascimento e que foram por ele responsáveis. A verdade é que o Direito é uma ciência ao serviço da sociedade, e os seus institutos procuram responder às necessidades dos homens que a compõem.

Assim entendem os autores que apontam o ano de 1815 como a data em que o Contrato de Reporte surge pela primeira vez com contornos bem definidos e como figura bem caracterizada; a sua concreta configuração como uma «derivação de contratos simples nas suas formas singulares» (*vide* RUY ENNES ULRICH, ob. cit., pág. 3) aparece-nos associada ao ambiente vivido em França a seguir às guerras napoleónicas, procurando fazer face às avultadas indemnizações que importava liquidar, e para o que os institutos existentes eram manifestamente insuficientes e inadequados.

A partir de 1830, este mecanismo era já uma realidade em todas as Bolsas, pelo que, se é total o desconhecimento da sua exacta origem temporal, parece não haver dúvidas de que **o Reporte surge associado ao modo de funcionamento das operações de bolsa**; esclareça-se, todavia, que desde logo se procura afirmar a sua individualidade e especificidade, acentuando-se a sua autonomia relativamente ao jogo de bolsa e à categoria mais geral das operações a prazo, de forma a que, desde o início bem caracteri-

20 A celebração de contratos de reporte por sociedades gestoras de FIM

zado, não poderá ser visto como uma mera modalidade ou simples forma de tais institutos, ganhando antes um lugar próprio que nunca perdeu.

Esta dificuldade em situar com precisão o momento do nascimento desta figura contratual dotada de uma notável complexidade, que é sentida a nível geral, mantém-se quando transpomos a questão para o espaço circunscrito do nosso País, de forma que é igualmente impossível determinar com rigor a data em que entre nós surgiu o Reporte como modelo contratual nitidamente desenhado e de contornos bem definidos, sendo todavia certo que nenhuma das obras comercialistas de então, nem o nosso Código Comercial de 1833, fazem qualquer referência ao instituto.

Porém, como o Código Comercial de 1888 já regula a figura, podemos afirmar que foi no intervalo entre a promulgação dos dois diplomas legislativos que o Reporte deu entrada no nosso País. Aliás, no Relatório que precedeu o Projecto do Código Comercial apresentado à Câmara dos Deputados era manifesta a necessidade de regular um fenómeno que então era já uma realidade, pois por vezes o Direito revela-se incapaz de acompanhar a Vida, e esta, no seu evoluir constante, acaba muitas vezes por ultrapassá-lo[3].

Ora o especial contexto em que surgiu o Contrato de Reporte faz-nos ver, precisamente, que o Direito existe para servir a sociedade, sendo que os institutos jurídicos não são abstractas construções ou fantasias, mas existem porque num determinado momento da progressiva evolução da humanidade se sentiu a efectiva necessidade de disciplinar juridicamente um comportamento humano. Estas considerações, à primeira vista de teor filosófico, pretendem

---

[3] E relativamente à figura do contrato de reporte o facto de que a sua existência efectiva antecedeu a previsão normativa é incontestável, pois de outro modo não podem ser lidas as palavras do Ministro da Justiça da época, Veiga Beirão, quando justifica a necessidade de o Código Comercial que então se preparava definir o regime jurídico desse fenómeno que já se havia afirmado na prática: «tão repetida se tornou tal operação, que actualmente constitui um contrato *sui generis* com regras próprias, conhecido sob a denominação de *"Report"*. Entre nós pratica-se usualmente esta operação, cumpria pois inscrever no nosso código as disposições a que deve ficar sujeita».

fazer-nos ver, e compreender melhor, o que é que determinou a construção de uma figura como o Reporte, capaz de dar resposta a necessidades em face das quais os quadros negociais tradicionais se revelavam insuficientes.

Acontece efectivamente que o Reporte existe, as negociações e o fluxo de transacções a que se reconduz são efectivamente praticados. É, em suma, um facto cuja riqueza, complexidade e perfeição não podem ser negados, desvirtuados ou descaracterizados pela mera subsunção a um qualquer modelo contratual acabado. Nas palavras de RUY ULRICH **«o Reporte é um facto, e apenas nos propomos interpretá-lo juridicamente»** (ob. cit., pág.182). É pois também esta a nossa intenção!

3. Principais construções doutrinais e reparos pertinentes apontados por RUY ENNES ULRICH.

A origem mais longínqua para o Contrato de Reporte, ainda como figura difusa e mal definida, é encontrada em Inglaterra, ainda que tenha sido na Bolsa Francesa, em 1815, como dissemos, que ele surgiu já dotado de autonomia e com uma individualidade própria.

Etimologicamente, a origem da palavra *«Reporte»* deve ir buscar-se ao termo inglês *«Report»*, que aí significa "prolongação", "continuação", "transferência duma coisa a um tempo futuro". Melhor se compreenderá ainda a essência de tais operações se considerarmos a expressão com que GEMMELLARO a elas se refere, depois de decompor a palavra nos vários elementos que a formam: *«aquilo que vem trazido de novo, pela segunda vez»*. Esta expressão exprime com clareza a dualidade de operações inerente ao funcionamento do Reporte, e fará certamente mais sentido quando conhecermos melhor a figura, onde de facto o Reportador, na segunda operação, traz de novo ao Reportado aquilo que este lhe havia entregue num primeiro momento.

Ao longo dos tempos, diversos têm sido os autores que se ocuparam com o estudo deste instituto, cuja complexa natureza

22 A celebração de contratos de reporte por sociedades gestoras de FIM

torna praticamente impossível encontrar uma fórmula sintética capaz de abarcar todos os aspectos de tão multifacetada realidade.

Propomo-nos agora apreciar criticamente algumas das mais expressivas construções doutrinais, de forma a que, através dos reparos que comummente lhe são feitos, caminhemos no sentido de uma correcta apreensão da figura.

Para AICARDI, o **Reporte é «a operação com a qual o especulador diferencial prorroga para uma liquidação próxima futura da bolsa uma operação diferencial já vencida, fazendo simultaneamente e com a mesma pessoa duas operações, a primeira a contado, a segunda a prazo, das quais a operação a contado é feita em sentido contrário ao da operação prorrogada e a operação a prazo em sentido idêntico ao da mesma»** (*vide* Aicardi, *in* «Il giuco di Borsa», Roma, 1893, págs. 69 e ss.).

Esta definição tem necessariamente presente a ideia de "prorrogar", "adiar", de forma a que uma união íntima de duas operações permita transpor para uma data futura uma operação cuja liquidação imediata traria um prejuízo para o especulador.

Mas esta é uma ideia que deve estar forçosamente presente em qualquer definição que se dê de Contrato de Reporte porque é esse o significado da própria palavra, como vimos. Assim, à definição de AICARDI temos de reconhecer o mérito de colocar em destaque a **estrutura composta do contrato**: a uma operação a contado, segue-se sempre uma operação a prazo de sentido inverso à primeira; por outro lado, também nos mostra este Autor que, para que o Reporte se possa afirmar, tem de haver uma **identidade das partes intervenientes nas duas operações** (aquele que vende a contado no primeiro momento é obrigatoriamente quem compra a prazo); finalmente, delineia já a **finalidade última do Contrato de Reporte, que é precisamente a de adiar o cumprimento de uma obrigação para um momento mais vantajoso.**

Acontece, todavia, que este conceito de Reporte cede perante a objecção que lhe é apontada por RUY ENNES ULRICH, na obra que estamos a seguir neste estudo, quando aí se diz (págs. 15 e 23) que AICARDI identifica as operações de reporte com operações

Capítulo I 23

diferenciais, por definição realizadas a descoberto, pelo que, no fundo, as partes acabam por nunca executar as prestações a que se vinculam[4].

Se efectivamente no Reporte temos uma das operações realizadas a prazo, AICARDI parte de um pressuposto errado quando afirma que as operações a prazo se reconduzem necessariamente a uma especulação diferencial, pois para ele as partes só têm interesse em adiar para o futuro a execução de um acordo hoje celebrado quando à data dessa celebração não detêm aquilo que devem entregar. Todavia, como adiante esclareceremos, são várias as razões que podem levar à celebração de contratos a termo, e não se identificam forçosamente com os motivos que justificam a realização de operações a descoberto[5].

Esta fraqueza da noção de AICARDI é ainda mais pertinente face à preocupação primordial do legislador de 1888 em garantir ao Reporte um carácter sério, afastando-o da aleatoriedade das apostas e jogos de bolsa. Foi movido por este cuidado que atribuiu ao **Reporte** a natureza de **contrato real quanto à constituição**, fixando como condição da sua validade a entrega dos títulos na operação a contado – artigo 477º parágrafo único do Código Comercial (a entrega da coisa é elemento da própria formação do contrato, à semelhança do que acontece com o comodato – artigo 1129º – com o mútuo – artigo 1142º – e com o depósito – artigo 1185º – todos do Código Civil). É igualmente esta a razão subjacente à exigência de que o preço da operação seja fixado no momento da celebração da operação a contado, de modo que desde esta altura esteja já fixado o lucro do reporte.

---

[4] Nas palavras de MANUEL BAPTISTA LOPES, *in* «Do Contrato de Compra e Venda no Direito Civil, Comercial e Fiscal», Almedina, Coimbra 1971, pág. 417, «comprar títulos a descoberto é comprá-los sem ter dinheiro e vender títulos a descoberto é vendê-los sem os ter».

[5] Com efeito, enquanto que são vários os interesses que justificam a celebração de operações a prazo, pois são inúmeros os motivos que levam a fixar no futuro a data de execução de um contrato hoje concluído, nas operações diferenciais nunca chega a haver execução, porque a intenção das partes é, no fundo, jogar com ganhos e perdas que não lhes cabe a elas provocar.

Das considerações precedentes, podemos concluir que é fundamental a um correcto entendimento do Contrato de Reporte delinear com rigor as suas fronteiras com as operações diferenciais, de forma a que nos apercebamos de que não são intuitos meramente especulativos que movem as partes que intervêm naquele negócio jurídico. Ainda que por vezes os intervenientes em Contratos de Reporte possam realizar operações intermédias a descoberto (operações realizadas no decurso do prazo do reporte, antes da data da liquidação definitiva), a primeira transacção a contado nunca o pode ser, por força da imposição legislativa, pelo que a definição de AICARDI deve ser abandonada, não por estar errada, mas por ser insuficiente, já que não podemos aceitar a parte para definir o todo.

MARGHIERI, por seu turno, também nos dá uma noção de Contrato de Reporte de onde é possível retirar importantes contributos para a construção que aqui procuramos; é, porém, alvo de críticas por parte de RUY ENNES ULRICH, que não podemos deixar de analisar na medida em que são igualmente úteis na definição dos contornos precisos de tão complexa realidade.

Assim, para MARGHIERI, o Contrato de Reporte deve ser visto como **«uma compra e venda a contado e uma contemporânea compra e venda a prazo entre as mesmas partes e da mesma quantidade e qualidade de valores contratados»** (*in* «Il Diritto Commerciale Italiano esposto sistematicamente», Napoli, 1893).

Esta noção de um outro Autor italiano da mesma época de AICARDI tem incontestável valor ao destacar aspectos da estrutura e funcionamento do Reporte que a primeira deixou esquecidos ou que pelo menos dela não decorriam com tanta clareza. Deve, por isso, ser-lhe reconhecido o mérito de indicar como elementos constitutivos deste contrato a **obrigatória coincidência temporal das duas operações**, bem como a **necessária identidade (de espécie) do objecto correspondente** (os títulos que se revendem na operação a prazo são da mesma espécie daqueles que foram inicialmente transaccionados na operação a contado). Por outro lado, afirma já aquela que é uma das regras jurídicas fundamentais da sua disciplina: dizendo que no Contrato de Reporte temos duas compras e vendas simultâneas, não pode deixar de realçar a **efec-**

Capítulo I

tiva transferência de propriedade que por meio dele se opera (artigo 478º do Código Comercial).

Curiosamente, é no aspecto onde reside, em nosso entender, o maior mérito da definição de MARGHIERI, que RUY ULRICH encontra uma pertinente e justificada fraqueza: a simplificação e desmistificação estrutural que consegue, ao decompor o contrato nas duas operações que o formam, vem precisamente destruir a íntima *unidade moral e psicológica* em que em última análise repousa a especificidade da figura. Afirmar que o Contrato de Reporte é uma união de duas compras e vendas, uma concluída no presente e outra, celebrada nesta data, mas a executar no futuro, é certamente verdadeiro, mas não deixa de ser manifestamente insuficiente: o todo, quando visto fraccionadamente, em compartimentos que se pretendem estanques, perde aquela unidade íntima e invisível responsável pela riqueza da figura e subjacente à especificidade do seu regime jurídico[6].

Negar esta unidade orgânica levaria a que as duas compras e vendas fossem então vistas em momentos temporais distintos, de modo que, executada a venda a contado, esta desapareceria, porque esgotada. «Tal não sucede, porém. As duas compras e vendas formam um só contrato, sujeito a uma condição resolutiva única, pelo não cumprimento. Assim, se a revenda se não efectuar, pode a outra parte exigir a sua execução coactiva, ou ter-se por desobrigada de todo o contrato, ou exigir a indemnização de perdas e danos» (*vide* Ruy Ulrich, *in* ob. cit., pág. 20).

Tudo posto, concluímos que a definição de MARGHIERI é afastada, também não por ser errada, mas porque é insuficiente[7].

---

[6] «Pode haver uma combinação de duas compras e vendas que não seja um reporte. Tanto se pode fazer uma combinação de duas operações a prazo, como de uma operação a prazo e uma a contado, da qual resultará o lucro ou a perda de uma diferença. Em tal caso pode essa combinação satisfazer a todos os requisitos da definição de MARGHIERI (contemporânea celebração, valores da mesma quantidade e qualidade, etc.), e nem por isso constitui um reporte» – RUY ENNES ULRICH, *in* ob. cit., pág. 16.

[7] «Não basta indicar os elementos que compõem o reporte, é necessário ainda frisar a ligação íntima que os une e deles forma uma unidade orgânica e indispensável.» – RUY ENNES ULRICH, *in* ob. cit., pág. 16.

Como bem diz MANUEL BAPTISTA LOPES, na sua obra já citada, «trata-se de duas compras e vendas simultâneas, entre as mesmas pessoas, formando **um todo orgânico**». Ora é esta unidade que a noção apreciada não é capaz de traduzir, razão pela qual deve entender-se que falha quando pretende definir a figura.

Sem dúvida que podemos afirmar, com LUÍS DA CUNHA GONÇALVES, que **«o reporte não é uma mera compra e venda simples»** – e até aqui temos a concordância com a definição de MARGHIERI. Mas a diferença acentua-se quando aquele autor afirma que **«tão-pouco é uma simples combinação de duas compras e vendas, sendo uma a contado e outra a termo, pois tais combinações sempre se podem fazer na Bolsa, a fim de se lucrar com a diferença dos preços a contado e a termo»** (*vide* LUÍS DA CUNHA GONÇALVES, *in* «Da Compra e Venda no Direito Comercial Português» – Coimbra, 1924, pág. 520).

Correndo o risco de nos tornarmos um pouco repetitivos, entendemos todavia que a unidade orgânica é a ideia basilar de todo o instituto, e que as palavras de Cunha Gonçalves a definem com clareza.

Sem pretendermos avançar já para aquela definição de Contrato de Reporte que constituirá o ponto de apoio para procurarmos a solução da questão apresentada, capaz de abarcar a realidade do fenómeno na totalidade dos seus elementos constitutivos, preocupamo-nos agora em frisar a importância que reveste a consideração do instituto como um todo, sob pena de, repartindo-o, o descaracterizar.

Esta intenção levou-nos já a adiantar que o Contrato de Reporte tem uma natureza jurídica própria, que se afasta do quadro contratual típico da compra e venda – o Reporte não pode ser visto como um mero somatório de operações já nossas conhecidas e recondutíveis às qualificações jurídicas tradicionais. Importa que se retenha desde já a ideia de que o Reporte tem uma natureza especial, uma individualidade própria, fundada na íntima ligação entre as duas operações que compõem o seu esqueleto. Acresce que é esta omnipresente unidade orgânica que vai justificar importantes traços do seu regime.

Esta «natureza especial e una do reporte» revela-se, desde logo, na simultaneidade da estipulação das duas compras e vendas, na forma especial de determinação da remuneração devida no Reporte, no facto de as negociações entre as partes se centrarem, não na contrapartida pecuniária a que cada uma se obriga, mas antes sobre a diferença entre os preços das duas operações, e ainda na particularidade do mecanismo da resolução contratual na hipótese de incumprimento da segunda operação, levemente aflorado *supra*, página 13, através das palavras de RUY ULRICH, para quem a especificidade da disciplina em matéria de incumprimento da revenda evidencia a íntima e inegável unidade entre as duas operações.

Acontece efectivamente que, se no momento da liquidação da operação a prazo o reportador se recusar a entregar os títulos, haverá um incumprimento da segunda operação. Ora, se com a resolução se procura o regresso ao estado de coisas que existia antes do contrato, vamos então ter, no reporte, a resolução a confundir-se com a própria execução do contrato: se o instituto da resolução, no contrato de compra e venda, se destina a restabelecer a situação existente antes da celebração do contrato – ao vendedor é restituído aquilo que ele se propunha alienar e o comprador não paga o dinheiro que estava disposto a empregar na sua aquisição –, no reporte esse regresso (subjacente ao mecanismo da resolução) implicará a própria execução do contrato, a realização da compra e venda a prazo, pois só então, liquidadas as respectivas diferenças, é que realmente os contraentes regressam ao estado anterior ao contrato.

Esta é a razão pela qual RUY ULRICH entende que o Contrato de Reporte não deve ser visto como uma dupla venda, já que seria manifestamente inaceitável aceitarmos que a resolução, enquanto "destruição da relação contratual", conduza aos mesmos resultados que a própria execução do contrato.

Depois de havermos apreciado criticamente as construções de AICARDI e de MARGHIERI à luz das considerações e reparos que lhes são feitos por RUY ENNES ULRICH, servindo-nos delas como ponto de apoio para dar relevo a alguns dos elementos básicos da

28 A celebração de contratos de reporte por sociedades gestoras de FIM

noção de Contrato de Reporte, cabe-nos agora enunciar a definição de **VIVANTE,** eleita por RUY ULRICH: «o **Contrato de Reporte é constituído por uma dupla transferência, em sentido oposto, de dinheiro e de títulos de crédito da mesma espécie, entre as mesmas pessoas, a prazo diferente, mediante uma determinada remuneração».**

De todas as definições apresentadas ressalta, de imediato e de modo evidente, o carácter complexo das operações de reporte, que «envolvem mais do que uma transacção sobre os mesmos valores[8]» (*vide*, RICARDO CRUZ, *in* Revista da Banca, n.º 30, Ano 1994); todavia, em momento algum podemos deixar ficar a ideia de que esta estruturação composta prejudica ou destrói a unidade íntima e intrínseca que faz dele um todo incindível.

Feita a iniciação à matéria do Contrato de Reporte pela (tentativa) da sua localização no tempo e no espaço, onde procurámos sobretudo chamar a atenção para as circunstâncias de fundo que ditaram o seu aparecimento, apresentámos posteriormente algumas das principais definições doutrinais que foram sendo construídas, aproveitando as suas fraquezas para dar relevo a certas particularidades do Contrato que foram deixadas na sombra.

E sempre com o objectivo último de nos familiarizarmos com a figura, vamos seguidamente analisá-la nos vários elementos que a compõem, à luz dos princípios gerais que moldam o seu campo de actuação e das regras jurídicas que intervêm na sua disciplina, dispensando todavia alguma atenção à questão prévia da legitimidade de tão elaborada construção.

---

[8] «A operação de reporte é recondutível à combinação de duas operações: uma a contado, com liquidação imediata, na qual são transferidos os fundos mutuados e vendidos os valores em causa; e uma operação firme a prazo – celebrada em simultâneo com a operação a contado – na qual os fundos mutuados são devolvidos e os valores mobiliários recomprados...», vide RICARDO CRUZ, *in* artigo citado.

4. A questão da sua legitimidade.

A conformidade do Contrato de Reporte com os princípios gerais do direito é hoje inquestionável. Todavia, o problema não deverá ser menosprezado, pois tempos houve em que a sua legitimidade foi posta em causa por quem pretendia ver no Reporte um mecanismo de especulação, no fundo uma fachada lícita para operações pouco sérias, recondutíveis a meros jogos de bolsa que se procuravam assim ocultar ou dissimular.

Pensamos então que a apreciação de tais posições nos ajudará também a apreendermos o carácter intrínseco deste fenómeno, representando mais um passo significativo no sentido de conhecermos com precisão os interesses subjacentes e as finalidades que por seu intermédio se procuram realizar.

Se é verdade, como afirma CUNHA GONÇALVES, que estes contratos, em que uma operação a contado se combina com uma operação a prazo, se prestam de uma forma especial a uma espécie de jogo, pretendemos demonstrar que não é este o intuito do mecanismo complexo do Reporte. Como já anteriormente referimos ao apreciar a posição de AICARDI, afirmar o carácter sério de tais operações foi preocupação primordial do legislador, que fixou como condição da existência do Contrato de Reporte a entrega real inicial dos títulos, e onde a determinação *a priori* do preço da venda a prazo procurou que desde o momento da celebração do contrato o lucro do Reporte estivesse fixado. Desde logo, estas duas medidas legislativas afastam o carácter aleatório inerente às operações diferenciais, onde o ganho ou a perda dependem de causas que não é possível à maioria dos contraentes provocar ou impedir.

Envolvendo uma operação a termo, o Reporte afasta-se contudo dos contratos diferenciais, nos quais «comprador e vendedor têm por fim, não efectivamente vender nem efectivamente comprar, mas somente pagar e receber a diferença do preço entre a data da conclusão do contrato e o da sua execução, ou antes, o último dia do prazo, pois a compra e venda não chega a ser executada.» (*vide* CUNHA GONÇALVES, *in* ob. cit., pág. 477).

Acontece todavia que no Reporte, logo no momento inicial, os títulos são efectivamente entregues ao seu adquirente, que se torna o seu verdadeiro proprietário, e a execução do contrato, como todo orgânico, exige que na liquidação futura estes títulos (ou outros da mesma espécie) sejam restituídos ao seu proprietário inicial.

Enquanto nas operações diferenciais é apenas intenção das partes combinar valores (o preço a contado e o preço a prazo) em ordem a obter um lucro, no Reporte os contraentes são movidos por outros interesses, que exigem a efectiva apropriação dos valores transaccionados.

No primeiro contacto com a figura do Contrato de Reporte poderíamos efectivamente ser levados a pensar que as confusas transacções que lhe estão subjacentes, em que no fundo cada uma das partes acaba por ficar, na liquidação final, com aquilo com que inicialmente entrou para o contrato (o Reportado com os títulos e o Reportador com os capitais), face a tão complexo modo de funcionamento, dizíamos, poderíamos legitimamente pensar que o fim último deste negócio jurídico seria unicamente a especulação: com efeito, que outro objectivo terá aquele indivíduo que compra hoje assumindo simultaneamente a obrigação de revender amanhã, senão o de, especulando com o preço do produto, ganhar com eventuais diferenças? Seremos obrigados a reconhecer que «as operações a prazo, regra geral, têm por fim a especulação»? (*vide* ADRIANO ANTHERO, *in* «Comentário ao Código Comercial Português», vol. II, pág. 309).

O vício daqueles que chegaram a pôr em causa a legitimidade do Contrato de Reporte estava em entenderem, como LYON CAEN & RENAULT, que «quase sempre as vendas a prazo têm lugar a descoberto; isto é, na ocasião da conclusão do contrato, o vendedor não tem em seu poder os títulos e o comprador o importe do preço. De outra forma não se concebe que a venda se faça a prazo, em vez de se fazer a contado».

Nas operações diferenciais o objecto da transacção nunca chega a mudar de mãos, havendo apenas uma liquidação final em que se remunera o lucro correspondente à diferença dos preços nos dois momentos.

Ora o que acontece no Contrato de Reporte é que o legislador, visivelmente preocupado em afastá-lo de especulações "malévolas e fraudulentas", conferindo-lhe um carácter sério, consagrou a obrigatoriedade da efectiva entrega dos títulos na operação a contado, afastando assim definitivamente o Contrato de Reporte da noção de jogo ou simples apostas. Como bem esclarece RUY ULRICH «o capitalista deposita ordinariamente os seus capitais nas mãos de um corretor. Este aplica-os numa compra a contado, cujo preço paga imediatamente, revende os títulos a prazo e, chegada a liquidação, recebe novamente o seu preço e restitui os títulos até então em seu poder»: não há aqui nada de falso, fictício ou simulado.

A combinação de uma operação a contado com outra simultaneamente celebrada a prazo tem objectivos que em muito ultrapassam aqueles que estão subjacentes às operações realizadas a descoberto, sendo aliás vários os motivos que podem levar à celebração de contratos a prazo sem ser necessariamente a descoberto (*vide* ADRIANO ANTHERO, *in* ob. cit. pág. 313/314)[9].

---

[9] «Mas há, na realidade, muitos casos em que se pode com vantagens dos contraentes negociar a prazo mesmo sem ser a descoberto, como por exemplo:

a) Um indivíduo desejar vender certos títulos pela cotação corrente que lhe convém, mas quer receber os dividendos que estão próximos. Vende-os a prazo de modo a que possa receber esses dividendos.

b) Um indivíduo quer comprar fundos mas, calculando que o recebimento dos *coupons* faça baixar muito os mesmos fundos, só compra para o fim do mês, quando já os *coupons* estão recebidos.

c) Às vezes, há títulos que, só no mercado a prazo se negoceiam em grande quantidade. E, por isso, quem deseja vender ou adquirir em grande quantidade, recorre a esse meio.

d) Um indivíduo tem presunções pouco certas sobre as oscilações prováveis dos cursos, e hesita em comprar ou vender uma quantidade de títulos de preferência a outros. Negoceia-os a prazo, pelo curso que, então, tiverem.

e) Um indivíduo espera receber no fim do mês uma quantia importante, e quer colocá-la segundo o curso actual. Negoceia a prazo por esse curso.

f) Pelo contrário, alguém espera receber títulos no fim do mês, e entende que tem vantagem em os vender logo pelo curso actual, e por isso os vende, desse modo.

g) Um viajante que tem os títulos no seu cofre, e os não pode entregar logo, negoceia a prazo (esta hipótese perde o sentido face ao modo actual de transacções, feitas, a grande maioria das vezes, por meio de transferências interbancárias, já que se trata, quase sempre, de valores mobiliários escriturais,

32   *A celebração de contratos de reporte por sociedades gestoras de FIM*

Acresce que, se quando é analisado na perspectiva nos elementos que o compõem, o Reporte é um contrato lícito (reconduz-se no fundo a uma compra liquidada no presente, com efectiva transferência de propriedade dos títulos, a que se segue uma revenda a liquidar no futuro), como explicar que a união desses elementos prejudicasse a sua validade jurídica?

Face ao exposto, somos levados a concluir pela legitimidade do Reporte, onde a complexidade do fluxo de transacções não pretende esconder práticas ilícitas, enganadoras ou fraudulentas, com intuitos especulativos, estranhos, desde logo, à efectiva transferência de propriedade a que se assiste no "nosso" Contrato: «se não houver a entrega real na venda a contado, não há Reporte, mas não se trata da sua legitimidade. Neste caso o Reporte não existe, nem nunca existiu, haverá quando muito uma tentativa de usurpar a forma do Reporte para a realização de operações ilícitas – não é uma questão de validade, é uma questão de existência.» (*vide* RUY ULRICH, *in* ob. cit., pág. 97). Então, na falta desta entrega real, não nos caberá certamente apreciar a seriedade e legitimidade de uma figura cuja existência nem sequer podemos afirmar.

Por outro lado, a estipulação simultânea dos preços das duas operações garante, como já foi dito, que o lucro do Reporte esteja fixado *ab initio*, afastando definitivamente dos contraentes a possibilidade de apostarem em meras expectativas, possíveis de se verificarem (ou não) independentemente da sua vontade.

---

negociados através de créditos e débitos lançados em contas abertas junto do banco intermediário).

h) Às vezes, quando se precisa de dinheiro no fim do mês, é conveniente vender os títulos a prazo, tirando, assim, benefício do juro que resulta da maior elevação do curso a prazo, em relação ao curso de contado.

i) As grandes operações em que se vendem ou compram grandes lotes de títulos vêm afectar sempre as cotações em desfavor de quem os vende a contado. Por isso, é conveniente ir vendendo pouco e pouco a prazo.

j) Quando excepcionalmente haja duas cotações, e a cotação de contado seja maior que a prazo, pode comprar-se a prazo, e vice-versa.»

5. Análise dos seus elementos constitutivos.

Depois de nos parágrafos anteriores termos tomado sempre a figura do Reporte como um todo, acentuando aliás a sua íntima unidade orgânica, essencial à afirmação da sua natureza própria, que assegura a sua autonomia face a figuras (que se pretendem) próximas, nas páginas seguintes procuraremos aprofundar um pouco mais o nosso conhecimento deste instituto mas agora através da sua "decomposição", pois "dissecando-o" queremos saber como se forma, para em última análise compreender a complexidade do seu modo de funcionamento.

E nesta tarefa que agora nos propomos levar a cabo a definição de CUNHA GONÇALVES é ponto de partida e de referência, ao focar os elementos estruturantes desta construção jurídica, e que aliás já foram sendo indiciados ao longo do nosso estudo[10].

Diz-nos o autor que no Reporte há: **i)** duas compras e vendas simultâneas, uma condicionada pela outra, uma a contado e outra a termo; **ii)** de títulos da mesma espécie; **iii)** entre as mesmas pessoas; **iv)** por preço determinado.

i) Simultaneidade da compra e venda a contado e da compra e venda a prazo:

A exigência da simultaneidade das duas operações que compõem o Contrato de Reporte resulta de imediato da própria noção

---

[10] Todos estes elementos, enquanto traços estruturais da figura do contrato de reporte, de que dependerá sempre a sua caracterização, vêm referidos na já mencionada Portaria n.º 291/96, de 10 de Dezembro, onde se diz que «para os efeitos da presente portaria, as operações de reporte consistem na venda com simultânea recompra a prazo dos valores a que se refere o n.º 1 e obedecem ainda aos seguintes requisitos: a) os valores vendidos são equivalentes aos recomprados; b) o preço de recompra ou os critérios para a sua fixação são determinados no momento da venda; c) a venda e a recompra são feitas à mesma entidade» (ponto 3º alterado pela Portaria n. º 487/98, de 11 de Maio). Assim se vê que as reflexões anteriormente desenvolvidas não são puramente teóricas, já que importa configurar correctamente cada um dos elementos que compõem o núcleo essencial da figura do reporte de modo a fixarmos com rigor o sentido deste valioso instrumento financeiro.

34 *A celebração de contratos de reporte por sociedades gestoras de FIM*

contida no artigo 477º do Código Comercial: «*O reporte é constituído pela compra a dinheiro de contado, de títulos de crédito negociáveis, e pela revenda simultânea, de títulos da mesma espécie, a termo...*» – as duas operações são contemporâneas, pelo que a compra e a revenda devem ser feitas ao mesmo tempo e num só acto.

Aparentemente de valor meramente conceptual, enquanto manifestação no plano temporal da unidade orgânica intrínseca do instituto (as duas operações coincidem num ponto temporal único), este elemento tem significativa importância prática ao nível da sua estrutura técnico-jurídica: «O reporte não obriga o reportado a recomprar os títulos nem o reportador a revendê-los; chegado o termo, a "revenda", já celebrada aquando do reporte, produz os seus efeitos, sem necessidade de qualquer outra manifestação de vontade humana» (*vide* MENEZES CORDEIRO, *in* «O Direito», Ano 121, 1989, vol.III, pág. 453).

Uma vez que uma das duas operações que compõem o Reporte é celebrada a termo, parece-nos útil esclarecer aqui, ainda que em traços largos, o sentido que tem a celebração da segunda operação a termo.

Termo é, como sabemos, a cláusula em virtude da qual o contrato produzirá efeito ou deixará de produzir num tempo prefixado – teremos então o termo suspensivo ou o termo resolutivo, respectivamente (conforme resulta do artigo 278º do Código Civil). Compra e venda a termo será, então, aquela cuja perfeição dependerá da verificação de tal evento.

Ao nível das obrigações entre as partes, a fixação de um termo suspensivo – que é a hipótese que agora nos interessa – implica que a prestação não pode ser exigida pelo respectivo credor antes de decorrido o prazo, mas se uma das partes prestar voluntariamente antes de findo o prazo aquilo que não lhe era devido, não poderá exigir a sua restituição.

No Contrato de Reporte, acontece que a operação a termo se realiza e conclui no exacto instante em que tem lugar a operação a contado de sentido inverso, mas a execução é que se transfere, se transpõe para uma data futura, fixada no momento da celebração do acordo.

ii) Identidade dos títulos transaccionados:

Da noção legal do artigo 477° resulta igualmente que o objecto do Contrato de Reporte são títulos negociáveis: **a única imposição da lei é**, pois, **que os valores mobiliários transaccionados sejam livremente negociáveis ou transmissíveis**, não se fazendo qualquer referência à sua susceptibilidade de serem negociados na bolsa, pelo que não caberá ao intérprete introduzir restrições que o legislador não quis – a lei não distingue entre títulos cotados e não cotados, não competindo ao intérprete fazer essa distinção[11].

RICARDO CRUZ vai um pouco mais longe na identificação dos valores que devem constituir o objecto contratual destas compras e vendas simultâneas e recíprocas a que se reconduz o Reporte, afirmando que, atendendo à especial função atribuída aos títulos, os valores mobiliários que intervêm na transacção tendem a ser valores de rendimento fixo, aptos a acautelar o melhor possível o risco de um desfasamento entre o valor de garantia que representam e o valor da dívida monetária que visam cobrir (*in* ob. cit., pág. 34). Estas apreciações resultam de uma particular concepção deste contrato, em que se o reconduz a uma operação de crédito e, dentre estas, a uma operação especialmente garantida.

Ora estas considerações permitir-nos-ão avançar um pouco mais na definição dos contornos do Contrato de Reporte e apercebermo-nos da importância que uma tomada de posição sobre a natureza e função dos valores objecto do contrato poderá ter ao nível da determinação da sua própria natureza jurídica.

---

[11] Quanto à admissibilidade de outros valores, que não títulos de crédito, como objecto de Contratos de Reporte, terá interesse referir as posições de LUÍS DA CUNHA GONÇALVES e de RUY ULRICH por serem aquelas que em absoluto se contrapõem:

• o primeiro entende que nada obsta a que valores de outra natureza sejam transaccionados por meio de Contrato de Reporte (vide ob. cit., pág. 523 ss.);

• entende o segundo, por seu lado, que, ainda que à primeira vista injustificada a solução restritiva da nossa lei comercial, melhor é a opinião daqueles que entendem que o preceito legal implicitamente proíbe o reporte sobre outros títulos representativos de mercadorias fungíveis que não caibam na noção de títulos de crédito (*vide* ob. cit., pág. 108 ss.; no mesmo sentido, *vide* ADRIANO ANTHERO, *in* ob. cit. pág. 51 ss.).

Na verdade, entende MENEZES CORDEIRO (*in* ob. cit., pág. 449) que «as partes que recorrem ao Reporte não pretendem, por definição, uma transferência de títulos; tudo se passa de modo diverso, uma vez que a titularidade do reportador é efémera. E, pela mesma ordem de ideias, tão-pouco está em causa uma transferência definitiva de fundos. Tudo visto, joga-se, no reporte, um *mútuo especialmente garantido*».

Não sendo desde já nossa intenção, neste momento, apresentar as várias teorias que se debatem a propósito da natureza jurídica do Contrato de Reporte, pensamos todavia que contribuirá para identificar com precisão os títulos que são negociados neste contrato a sua apreciação à luz do papel que desempenha nos mercados financeiros.

Para que os valores mobiliários que intervêm na transacção (e cuja propriedade num primeiro momento se transfere do tomador para o cedente de fundos) desempenhem a função de garantia que lhes é atribuída, necessariamente que não poderão ser uns quaisquer títulos de crédito, devendo as partes procurar afectar a esse fim valores com risco de crédito intrínseco reduzido, de modo a que «o valor de garantia prestada ao cedente de fundos (reportador) se afaste o menos possível do valor do capital em dívida ao longo do período de vigência do contrato» (*vide* RICARDO CRUZ, *in* ob. cit., pág. 35).

Estas observações apenas serão válidas se entendermos que no Reporte é unicamente intenção do reportado (o tomador de fundos) conseguir a disponibilidade de capitais e do reportador (o cedente de fundos) ver devidamente garantida a dívida de que é credor.

Ora acontece que, como pretendemos demonstrar, podem ser múltiplos os interesses subjacentes à celebração de um Contrato de Reporte, à luz dos quais certamente que estas observações já não poderão valer.

Em face destas considerações de cariz eminentemente financeiro, compreendemos aquela exigência, que, apesar de não vir expressamente formulada no texto legal, é com certeza ditada pelo próprio funcionamento do instituto na prática dos operadores financeiros. Assim, parece-nos mais rigoroso ver nas palavras de Ricardo Cruz, não a referência a uma característica intrínseca dos títulos negociados nos Contratos de Reporte (pois podem ser de diversa ordem os objectivos visados), mas antes a constatação de uma tendência sentida na prática por aqueles que procuram acautelar o melhor possível os seus interesses.

Exigência já expressamente formulada pelo legislador é a de que os títulos negociados sejam da **mesma espécie**, cabendo deste modo ao Reportador, no fim do prazo do contrato, o dever de restituir ao Reportado títulos da mesma quantidade e qualidade dos que inicialmente lhe foram entregues. O conteúdo do dever que recai sobre o Reportador no fim do período de vigência do contrato deve ser correctamente definido, sob pena de, dando-lhe interpretações que o legislador não quis, se descaracterizar o próprio contrato.

Assim, não pretende o legislador que o comprador a contado revenda, na operação a prazo, exactamente os mesmos títulos que adquiriu, pois então teríamos de aceitar que estávamos perante um comodato, em que o "comprador-revendedor" (que, em bom rigor, já não o seria) nunca teria adquirido a sua propriedade na operação inicial, impedido como estava de alienar e dispor livremente dos títulos no período que medeia entre as duas operações, já que teria de os entregar, intocados, ao Reportado, na data da liquidação final.

Não se impõe, certamente, uma identidade material ou física entre os títulos negociados nas duas operações, o que impediria a aceitação de uma efectiva transferência de propriedade e prejudicaria gravemente a circulação dos títulos durante o prazo do Reporte.

É manifesta a improcedência de tal interpretação, susceptível de, em último recurso, conduzir à absoluta inutilidade da operação a contado, que se tornaria assim num mera ficção. O legislador pretende garantir a identidade do objecto nos dois actos componentes do Reporte, mas exige uma **identidade «*in genere*», não «*in specie*»**. Esta identidade assim entendida, como elemento constitutivo do Contrato de Reporte, é essencial à sua existência, de forma a que «o Reporte em que não houvesse identidade do objecto, mudaria de natureza por completo» (RUY ULRICH, *in* ob. cit., pág. 111), faltando também aqui a ligação íntima e necessária entre as duas operações.

38 A celebração de contratos de reporte por sociedades gestoras de FIM

À luz das considerações precedentes, podemos então concluir que pelo Contrato de Reporte se transaccionam títulos negociáveis, independentemente de estarem ou não cotados na bolsa, acrescentando a doutrina que tais títulos são normalmente valores dotados de certa estabilidade, de forma a que cumpram a função de garantia que lhes é atribuída.

Findo o prazo do Reporte, aquando da execução da operação a prazo, está o Reportador obrigado a devolver ao Reportado títulos da mesma espécie daqueles que lhe foram inicialmente entregues, identidade não física ou material, mas no sentido de uma equivalência jurídica e económica[12]. Aceitar que o Reportador estava obrigado a restituir exactamente os mesmos títulos implicava abandonar a figura do Reporte e aceitar a do empréstimo sobre penhores (relativamente à qual são inúmeras as diferenças, como veremos mais adiante quando nos referirmos à Teoria do Empréstimo a propósito da natureza jurídica do Contrato de Reporte).

iii) Indissociabilidade dos Sujeitos:

Como igualmente se deduz do artigo 477º, no Reporte só podem figurar duas pessoas: **o vendedor a contado é necessariamente o (re)comprador a prazo e o comprador a contado é necessariamente o (re)vendedor a prazo.** É nesta medida que RICARDO CRUZ fala da «indissociabilidade dos contraentes no Contrato de Reporte», enquanto condição da existência do próprio contrato.

---

[12] Poderão as partes, no âmbito da sua liberdade contratual, estipular o contrário, isto é, que os títulos a restituir pelo Reportador ao Reportado sejam materialmente idênticos, infungíveis, sem com isto desvirtuarem a figura do Reporte? Todos os Autores admitem unanimemente uma tal hipótese, citando a tal respeito o exemplo dos *reports cachetés*, em França (*vide*, ADRIANO ANTHERO, *in* ob. cit., pág. 53; CUNHA GONÇALVES, *in* ob. cit., pág. 526; RUY ULRICH, *in* ob. cit., pág. 114): embora a expressão seja imprópria, porque os títulos não ficam lacrados em poder do Reportador, poderá haver conveniência nessa espécie de reportes, por exemplo quando os títulos são sujeitos ao sorteio, cujo proprietário tem especial confiança num determinado número, ou quando estão inscritos em algum registo que não convém alterar, etc.

Efectivamente, a pessoa que na operação a contado nos surge como o titular inicial dos títulos transaccionados, disposto a cedê-los contra a entrega dos fundos, é precisamente aquele que, na liquidação da operação a prazo, os vai readquirir a quem lhos comprou, por um preço já anteriormente fixado no momento da celebração do acordo – quem vende a pronto e recompra a prazo é uma e a mesma pessoa, que na lógica de funcionamento da figura do reporte recebe o nome de **"REPORTADO"** (como já por diversas vezes referimos).

Por outro lado, aquele que, na operação a pronto, nos surge como cedente de fundos, porque titular de capitais que coloca na aquisição de títulos, é aquele que, findo o prazo do Reporte, surge perante o vendedor inicial, levando consigo os títulos destinados a liquidar a operação a prazo – também aqui, quem compra a pronto e revende a prazo é uma só e a mesma pessoa, que é designado por **"REPORTADOR"** (expressão que também já utilizámos nas nossas anteriores observações).

Ora as duas pessoas que intervêm no Contrato de Reporte são, assim, o **REPORTADO** e o **REPORTADOR**. E parece-nos conveniente enunciar neste momento a noção de Contrato de Reporte que nos dá NICCOLÓ SALANITRO por ser aquela que, em nossa opinião, melhor traduz os interesses em jogo neste contrato, afigurando-se por isso como a mais adequada como ponto de partida para a apreciação do papel de cada um dos intervenientes: *«Il riporto è il contratto con il qual una parte (detta riportato) trasferisce all'altra (detta riportatore), per un determinato prezzo, la proprietà di titoli di credito già individuati; il riportatore assume l'obbligo di trasferire al riportato, ad un determinato termine, la proprietà di altrettanti titoli della stessa specie per un determinato prezzo, che può essere maggiore del prezzo già versato dal riportatore, ovvero minore»* (*in*, «Diritto Commerciale», Milano, Dott. A. Giuffré Editore, 1994, pág. 533).

Ora é precisamente ao esclarecer a razão por que por vezes o preço a prazo é superior ao preço a contado e outras vezes é inferior que SALANITRO nos fornece um importantíssimo contributo na definição dos interesses capazes de moverem cada uma das partes que intervêm num Contrato de Reporte: «*Il prezzo è maggiore, se è il riportato che há bisogno di disporre di una somma per la durata del riporto; è minore, se viceversa, è il riportatore che há bisogno de disporre dei titoli*».

Dizer simplesmente, nas palavras de CUNHA GONÇALVES, que «Reportador é aquele que dá o dinheiro e recebe os títulos e que Reportado é, necessariamente, aquele que dá os títulos e recebe o dinheiro», acrescentando que «findo o prazo, o Reportador é obrigado a receber o dinheiro dado ao Reportado e a restituir os títulos recebidos; e o Reportado, a receber os títulos entregues ao Reportador e a restituir a este o dinheiro dele recebido» dá-nos certamente uma ajuda preciosa na apreensão deste complexo mecanismo de transacções, mas não faz qualquer referência àquilo que leva as partes a servirem-se deste negócio jurídico.

É por isso que pensamos que a definição de SALANITRO, olhando para o contrato numa outra perspectiva, nos elucida sobre os interesses em jogo:

- o Reportado, proprietário inicial dos títulos de que não pretende em definitivo desfazer-se (note-se, todavia, que esta afirmação não prejudica a efectiva transferência de propriedade que se opera por meio do Reporte), obtém, através do Reporte, a disposição de uma determinada soma em dinheiro;
- o Reportador, por seu turno, titular de capitais, acede, pelo Reporte, à disponibilidade temporária de certos títulos (mas, uma vez mais, esclareça-se que o facto de esta disponibilidade ser circunscrita ao período do Reporte não impede que, durante esse tempo, o Reportador seja efectivamente verdadeiro proprietário dos títulos).

A definição de SALANITRO tem o mérito de nos fazer ver que tanto o Reportador como o Reportado podem ter um interesse particular que desejam ver realizado por intermédio do Reporte, e **não é só o Reportado que recorre a este contrato com o intuito de conseguir capitais que não possui, oferecendo como garantia**

do cumprimento títulos de que é proprietário[13]. E vai ser o confronto entre os preços das duas operações, aquilo que cada um dos intervenientes está disposto a pagar, e quem é que efectivamente vai suportar essa diferença o que nos permite conhecer o interesse predominante que o Reporte satisfaz.

Seria simplista e resultado de uma visão parcial do instituto pretender que o Reportado se sujeita a recomprar a prazo por um preço superior exactamente aquilo que vendeu a contado apenas porque necessitava de obter a disponibilidade de fundos durante um certo período (o do Reporte). Com efeito, atribuiríamos assim ao Reportador o papel passivo de mero cedente de fundos, a intervir apenas quando o Reportado dele necessitasse.

Ora isto não é o que acontece com o Contrato de Reporte: se bem que frequentemente utilizado como modo de disponiblizar capitais ao Reportado, detentor de títulos, que para isso aceita pagar ao Reportador a remuneração correspondente à diferença entre o preço a contado e o preço (superior) a prazo, poderá acontecer que a remuneração seja suportada pelo Reportador, sempre que seja ele o interessado em obter a disponibilidade dos títulos que o Reportado possui, sujeitando-se então a comprar a pronto por um preço superior àquele por que revenderá a prazo. **Tudo dependerá** nas palavras de MENEZES CORDEIRO, **«da posição dos títulos no mercado e da vontade dos intervenientes»** (*in* ob. cit., pág. 447), ainda que admitamos que, em regra, é o tomador de fundos (Reportado) quem suportará os encargos com a transferência e a liquidação de moeda ou valores mobiliários a que o Reporte obrigue. Aliás, para RICARDO CRUZ, «o tomador (reportado) é, em regra,

---

[13] Esta afirmação constituirá uma das traves mestras da tese que sustentaremos em resposta à questão que nos foi colocada, onde, de entre as diversas construções doutrinais relativas à natureza jurídica do Contrato de Reporte, nos parece mais conforme à inegável especificidade e riqueza da figura afastá-la do contrato de empréstimo. Eis a razão porque chamamos a atenção para a observação que a definição de SALANITRO nos suscitou, pois contraria, em nossa opinião, a ideia de que o Reporte existe unicamente ao serviço dos interesses do Reportado como mais uma via de contracção de empréstimo – sendo que é a esta questão que em última análise se reconduz a reflexão acerca do tema que nos foi apresentado.

42   *A celebração de contratos de reporte por sociedades gestoras de FIM*

visto como a parte fraca da transacção, em virtude da posição negocial favorável de que tende a beneficiar o cedente de fundos (reportador)» (*in* ob. cit., pág. 44).

Concluímos assim que a definição de SALANITRO tem o mérito de nos fornecer uma visão global do instituto como um conjunto de fluxos que efectivamente envolve as duas partes contratantes, fundamental quando se procura captá-lo na essencialidade do seu modo de funcionamento. Uma perspectiva parcial facilmente descaracterizaria o Reporte, reconduzindo-o, como parece pretender MENEZES CORDEIRO, à figura do «mútuo especialmente garantido» (*in* ob. cit. pág. 449), em que o Reportador, enquanto cedente de fundos, figuraria como "mutuante", e o Reportado, na qualidade de tomador desses fundos, como correspondente "mutuário".

Ora tudo o que até aqui foi dito alertou-nos já para a extrema complexidade e riqueza deste negócio jurídico, para o que contribui também a consideração de que nem só o Reportado tem interesse no Reporte, mas o próprio Reportador também dele se pode socorrer com objectivos bem delineados.

iv) O preço do Reporte é fixado no momento da celebração do acordo:

Ao referirmo-nos aos interesses susceptíveis de moverem as partes a intervirem como Reportador ou Reportado num Contrato de Reporte, adiantámos já, de certa forma, o que deve entender-se por preço neste contrato: **« preço do reporte é a diferença entre os preços das duas compras e vendas que o constituem»** (CUNHA GONÇALVES, *in* ob. cit., pág. 527).

Efectivamente, ainda que de uma complexidade estrutural de difícil apreensão, com significativas implicações práticas, o certo é que no Reporte haverá sempre uma remuneração a liquidar, apurada pelo cálculo da diferença entre o preço de cada uma das operações que nele se articulam; tudo estará em saber, em cada caso, a quem cabe suportar esse encargo e porquê.

Somos assim chegados ao último dos elementos constitutivos do Contrato de Reporte, que se afirma também, à semelhança dos

Capítulo I   43

que foram anteriormente referidos, como uma condição de existência desta figura jurídica como «negócio próprio, autónomo, típico ou *sui generis*, dotado de regras específicas e com objectivos financeiros» (MENEZES CORDEIRO, *in* ob. cit., pág. 452).

Face a tudo que até ao momento já foi dito, podemos então definir o Contrato de Reporte como uma operação complexa em que se combinam, de forma íntima e inseparável, duas compras e vendas, a primeira a pronto e a segunda a prazo, tendo por objecto títulos de crédito negociáveis[14] e celebradas entre as mesmas pessoas.

Face a esta definição, falta-nos certamente referir que este modo aperfeiçoado de combinar uma complexidade de transacções se faz por um preço, determinado logo no momento da celebração do contrato, por imposição do próprio legislador, cuja motivação já conhecemos. Trata-se, no fundo, de afastar o Reporte das operações diferenciais, com intuitos meramente especulativos, em que a indeterminação do preço a prazo permite às partes jogar com expectativas de preços em ordem à obtenção de um ganho, tudo se conseguindo com uma liquidação final das diferenças, nunca se chegando a concretizar a venda celebrada.

Ao referirmos o papel de cada um dos intervenientes contratuais, adiantámos já algumas considerações sobre o preço no Contrato de Reporte, que de alguma forma serviram desde logo para esclarecer em que consiste a remuneração neste contrato, pouco explícito face à noção legal do artigo 477º: de acordo com a definição consagrada na nossa lei, poderíamos pensar que o preço do Reporte é a soma que o Reportador entrega ao Reportado, na operação a contado, como contrapartida dos títulos cuja disponibilidade lhe é oferecida (esta é, aliás, um dos reparos que RUY ULRICH aponta à definição legal – *vide* ob. cit., pág. 21).

---

[14] Recordamos que os títulos devolvidos na segunda operação são idênticos aos transaccionados na primeira, mas de forma alguma se exige que entre os títulos se afirme uma identidade física ou material, desde logo susceptível de prejudicar a oportunidade que assiste ao Reportador, enquanto verdadeiro proprietário, de se fazer reportar durante o prazo do Reporte.

44 A celebração de contratos de reporte por sociedades gestoras de FIM

A apreciação daquilo que, efectiva e rigorosamente, se deve considerar como o preço do Contrato de Reporte, assim como a análise das circunstâncias susceptíveis de o determinarem, em cada caso, fornecer-nos-á igualmente um importantíssimo contributo para a compreensão do seu mecanismo.

Desde logo, seria contrário à própria natureza *sui generis* do Contrato, desvirtuando-o e descaracterizando-o (acabando por o reconduzir a um dos quadros contratuais tradicionais, nomeadamente ao contrato de compra e venda), ver o preço do Reporte como a remuneração pecuniária devida pelo Reportador ao Reportado em contrapartida da transferência da propriedade dos títulos, no fundo como o preço dos títulos de crédito que se transaccionam a contado e cuja propriedade se transfere para o Reportador (não seria mais do que o preço devido pelo comprador ao vendedor numa compra e venda simples).

Antes de vermos em que medida o preço do Reporte é influenciado pelos interesses em jogo, importará conhecer com precisão o que deve ser entendido como a verdadeira remuneração do contrato, a real prestação de uma das partes em face da contraparte: **o preço do Reporte corresponderá**, como dissemos, **à diferença entre os preços das operações a contado e a prazo.**

Apresentando-se o Reporte como uma operação complexa e composta em que uma das partes vende a contado recomprando simultaneamente a prazo e a outra compra a contado, assumindo ao mesmo tempo perante o vendedor a obrigação de lhe entregar, na data futura fixada, aquilo que inicialmente adquiriu, e sabendo que os preços de ambas as operações são determinados no próprio momento da celebração do acordo, **a diferença entre o preço pago na operação a pronto e o valor da venda firme a prazo constituirá a verdadeira remuneração do Contrato de Reporte.**

Como se verificou em relação a todos os elementos constitutivos que já estudámos, também este **contribui para afirmar a natureza unitária do Reporte** como um todo orgânico e incindível, delineando com rigor os seus contornos de modo a não se confundir com outras figuras com as quais apresenta certas afinidades. Como bem diz VIVANTE, **«as duas compras e vendas, combinando-se, mudam a sua natureza, porquanto já não encontram nos** seus preços, mas sim na diferença entre eles, a correspondente remuneração da troca efectuada».

Uma vez definido o preço no Contrato de Reporte, importará agora esclarecer a razão pela qual, por vezes, tal remuneração é suportada pelo Reportador e outras pelo Reportado. E a resposta foi adiantada anteriormente, quando nos referimos ao papel de cada um dos intervenientes no todo da economia contratual à luz da definição de SALANITTRO: consoante o responsável por esse pagamento, vamos poder **distinguir o Reporte em sentido estrito do Deporte**.

Excepcionalmente, e certamente com menos frequência, poderá acontecer que o preço da operação a contado, pago no momento da celebração do acordo, seja superior ao preço da transacção a prazo, liquidado num momento futuro determinado. Nestas hipóteses, raras mas possíveis, estaremos em face de um **Deporte**, cabendo ao Reportador suportar a diferença entre os preços já que é ele quem tem interesse em obter a disponibilidade dos títulos durante o prazo do Reporte.

O **Reporte em sentido estrito**, por seu turno, dar-se-á sempre que o preço da operação a prazo é superior ao preço a contado, cabendo neste caso a vantagem ao Reportador a expensas do Reportado, que é quem suporta a diferença de valores entre as duas operações. Neste caso, o preço do Reporte surgir-nos-á como a remuneração implícita no financiamento que o Reporte estabelece.

São várias as **razões apontadas para que**, normalmente, **o preço a prazo seja superior ao preço a contado: i)** regra geral, o dinheiro é mais útil e procurado do que os títulos, sendo por isso natural que seja mais remunerado quem dá aquele do que o cedente destes; **ii)** o comprador a contado entrega logo o dinheiro contra a entrega dos títulos, que assim fica em poder do vendedor (Reportado) durante o prazo do Reporte, vencendo juros que são por ele recebidos, o que lhe permite vender mais barato a pronto; **iii)** além disso, pelo decurso do tempo ao longo do prazo do Contrato de Reporte, os títulos vão-se aproximando da data em que vencem juros e dividendos, o que, a verificar-se depois de decorrido aquele prazo, aumentará o seu valor – também esta circunstância, a veri-

46 *A celebração de contratos de reporte por sociedades gestoras de FIM*

ficar-se nos termos descritos, é susceptível de determinar o preço superior da revenda[15].

Considerar que o preço do Reporte não é, nem a soma devida pelo Reportador ao Reportado em contrapartida dos títulos transferidos, nem o valor que o Reportado deve ao Reportador pela cedência temporária de capitais (há outras razões que justificam o valor superior da operação a prazo para além da remuneração da cedência de fundos), permitir-nos-á afirmar mais uma vez a natureza *sui generis* do Reporte, afastando-o assim dos modelos contratuais títpicos a que se pretende frequentemente reconduzi-lo.

Ao longo do estudo do Reporte a partir da análise de cada um dos seus elementos constitutivos, foi sempre nossa preocupação, em cada um dos parágrafos correspondentes, alertar para as implicações que o seu correcto entendimento tem ao nível de uma rigorosa apreensão do instituto na complexidade do seu funcionamento, de modo a que tal apreciação não acabasse por se tornar numa dissertação meramente teórica e conceptual.

Assim, pudemos ver como a aceitação da unidade orgânica, íntima e incindível entre as duas operações que compõem o Reporte é fundamental para que se afirme este contrato como uma figura jurídica autónoma, impossível de reconduzir a uma dupla compra e venda ou a um empréstimo caucionado.

Esta unidade afirma-se ao nível da exigência de contemporaneidade das duas transacções, na necessária indissociabilidade dos contraentes, na identidade entre os títulos negociados nos dois momentos e, finalmente, no modo de determinação do preço do Reporte, que tem em conta os valores das duas operações.

---

[15] Ressalve-se, todavia, a hipótese de esses juros e dividendos se vencerem durante o prazo do Reporte, o que por regra ocorrerá em benefício do Reportador que, na qualidade de comprador-revendedor, ocupa a posição de verdadeiro proprietário, colhendo os benefícios e suportando os encargos que lhe são inerentes: «pode acontecer que o vencimento dos dividendos se dê durante o prazo de qualquer operação, de modo que, no fim dela, por estarem recebidos esses dividendo, já os títulos valham menos» (*vide* ADRIANO ANTHERO, *in* ob. cit., pág. 55).

A constatação de que há no Reporte uma efectiva transferência de propriedade a favor do Reportador (artigo 478° do Código Comercial), que este não está obrigado, no momento da liquidação futura, a restituir os próprios títulos entregues, afasta-nos igualmente da posição daqueles que pretendem ver no Reporte um empréstimo sobre penhores.

Por outro lado, o modo especial de determinação e cálculo da remuneração devida em virtude de um Reporte mostra-nos que não se trata de pagar o valor dos títulos em cada uma das trocas individualmente consideradas, mas antes apurar um único preço, devido pelo Reportador ou pelo Reportado, consoante as circunstâncias. A aceitação deste mecanismo não nos permitirá certamente ver no Reporte uma dupla compra e venda, onde por definição existiriam dois preços.

Finalmente, a exigência da entrega real inicial dos títulos e do dinheiro, assim como a fixação, no momento da celebração do acordo, daquele que vai ser o preço definitivo do contrato, garante ao Reporte um carácter sério, assegurando-se a efectiva execução dos negócios celebrados (atendendo à natureza real do contrato) e afastando-o dos jogos e apostas inerentes às especulações diferenciais.

Chegamos assim à questão complexa da natureza jurídica do Contrato de Reporte, de que nos ocuparemos no Título seguinte, onde não será nossa intenção analisar pormenorizadamente uma problemática de cariz eminentemente técnico-jurídico, já que não é esse o objectivo do presente estudo, mas apreciar o tema numa tentativa de enquadrar juridicamente a figura do Contrato de Reporte, de forma a que, em última análise, sejamos capazes de compreender as suas concretas implicações e, assim, determinar a possibilidade de as Sociedades Gestoras de Fundos de Investimento Mobiliário aproveitarem (ou não) tais expedientes jurídicos na gestão de fundos de que não são proprietárias, à luz do disposto no Decreto-Lei n.° 276/94, 02 de Novembro[16].

---

[16] Por facilidade de exposição, advertimos desde já que, sempre que fizermos referência ao diploma que estabelece o regime jurídico dos fundos de investimento mobiliário, teremos presente a redacção actual, com as alterações que foram sendo sucessivamente introduzidas.

6. Apreciação de algumas das teorias mais relevantes acerca da natureza jurídica do Contrato de Reporte.

RUY ENNES ULRICH escrevia, no princípio do século, que a natureza jurídica do Contrato de Reporte «não está ainda bem fixada e a sua determinação constitui, sem dúvida, a questão mais controvertida de quantas se suscitam a propósito de tal contrato» (*in* ob. cit., pág.181).

Ora tais palavras poderiam, com toda a justiça, ser proferidas nos nossos dias, pois actualmente ainda não se chegou a nenhuma conclusão definitiva acerca da qualificação jurídica de tão complexa figura, onde facilmente se encontram proximidades e afinidades com outros contratos. Todavia, pensamos que também não será essa a grande preocupação dos autores da actualidade, a quem interessará mais a compreensão da real dimensão prática da figura do que chegar a uma conclusão acerca da sua natureza, para depois, encontrado um enquadramento técnico, dela se desinteressarem.

No problema particular que nos foi dado estudar, interessa sobremaneira a apreciação da natureza jurídica do Contrato de Reporte, não para optarmos por uma das várias teorias que a seu propósito se debatem, mas para que, apreciando essas mesmas teorias, sejamos capazes de conhecer os interesses subjacentes, as suas reais implicações, as obrigações impostas e os direitos reconhecidos a cada uma das partes, tentando apurar, no fundo, a função económico-social do instituto.

Qualquer que seja a conclusão a que cheguemos, importará termos sempre presente que não poderemos ignorar as efectivas particularidades e especificidades da disciplina jurídica do Contrato de Reporte, as *nuances* do seu especial modo de funcionamento, o que nos impedirá desde logo de reconduzir o Reporte à sua mais simples expressão como mera operação de crédito. A realidade do mercado financeiro não pode impor-se a uma estrutura jurídica complexa que efectivamente existe, negando-a.

Mas essa estrutura também não deve ser vista rigidamente, impedindo-nos, por seu turno, de ver como esta figura é efectivamente utilizada pelos operadores financeiros.

Feitas estas considerações prévias acerca do modo como procuraremos abordar a problemática da natureza jurídica do Reporte, enunciaremos brevemente as principais teorias que foram construídas a este respeito, todas elas procurando fazer entrar o Reporte em alguma categoria de modelos contratuais típicos e já conhecidos:

A) Teorias do Empréstimo;
B) Teorias Intermédias: a Teoria da Venda a Retro;
C) Teoria da Compra e Venda.

A) TEORIAS DO EMPRÉSTIMO:

Como constatámos ao longo de tudo aquilo que já foi dito no presente estudo, são várias as afinidades entre o Contrato de Reporte e o Empréstimo. No fundo, pretendem os defensores desta teoria que o Reportado procura através do Reporte a cedência de fundos, a disponibilização de capitais, durante um certo período de tempo (o do prazo do contrato), surgindo o Reportador, proprietário dos capitais, a colocá-los à disposição do primeiro, sendo o preço do Reporte a retribuição devida como contrapartida daquela cedência. Neste contexto, os títulos que se transferem do Reportado para o Reportador desempenhariam única e exclusivamente uma função de garantia, de forma que o Reportador gozaria de uma posição particularmente acautelada contra o risco de um eventual incumprimento por parte do Reportado.

A proximidade com a figura do empréstimo é detectada logo ao nível da terminologia usada a propósito do Contrato de Reporte; com frequência se usam indiscriminadamente expressões como as seguintes: «o reportador adianta uma certa soma ao reportado», «o reportador empresta-lhe dinheiro», «o reportado paga o aluguer do dinheiro», «no fim do prazo o reportado reembolsa o reportador do dinheiro recebido», etc. (*vide* RUY ULRICH, *in* ob. cit. pág. 185).

Mas veremos que esta forma como habitualmente nos referimos ao Contrato de Reporte é «um mero artifício de linguagem, que não acentua uma verdade jurídica».

Com efeito, **são inúmeros os desfasamentos e incompatibilidades entre a disciplina jurídica do Contrato de Reporte e a**

50 *A celebração de contratos de reporte por sociedades gestoras de FIM*

do Empréstimo, à luz dos quais nos iremos aperceber do artifício e até da violação jurídica que, em nosso entender, seria pretender "encaixar" tão multifacetado fenómeno num modelo contratual já existente.

De entre as subteorias do empréstimo que se construíram ao longo dos tempos (teoria da usura, teoria do empréstimo sobre penhor, teoria do duplo empréstimo e teoria do penhor irregular) apreciaremos com maior detalhe aquela que referimos em segundo lugar, pois entendemos que é com a figura do empréstimo caucionado (ou sobre penhor) que é mais comum confundir-se o Reporte.

Com efeito, para quem vê no Reporte um empréstimo especialmente garantido, o que se passa é o seguinte (nas palavras de RUY ULRICH a descrever o raciocínio em que se baseiam os defensores de tal teoria – *in* ob. cit., pág. 191): «o que o especulador deseja é obter o dinheiro necessário até que a alta por ele esperada lhe permita liquidar definitivamente as suas negociações; para este fim consigna certos títulos ao mutuante, a troco do dinheiro que dele recebe e o mutuante conserva os títulos em seu poder até que lhe seja restituído o dinheiro emprestado. Como se vê, os títulos são dados em penhor ao reportador, constituem uma mera garantia do seu crédito, e por isso são restituídos ao credor no dia do pagamento».

Efectivamente, no Contrato de Reporte podemos facilmente identificar, exteriormente, os vários elementos de um empréstimo sobre penhor: (i) o Reportado representaria o papel do mutuário, (ii) o Reportador interviria como mutuante, (iii) os títulos dados em reporte desempenhariam a função de garantia que cabe ao penhor, (iv) e o preço do reporte seria constituído pelo juro convencionado entre as partes.

Todavia, ao nível dos respectivos regimes jurídicos, as diferenças são notáveis, acabando por conduzir à total improcedência de uma tal teoria.

Passaremos então a enumerar os principais reparos que lhe são apontados, de forma a concluirmos que a «função financeira»[17] que

---

[17] Para MENEZES CORDEIRO, o reporte tem, no essencial, uma função financeira, comungando da posição assumida por ESPINOSA quando diz que: «apesar de, na sua estrutura, o reporte se articular como uma dupla transferên-

Capítulo I

no essencial cabe ao Reporte não poderá com certeza sobrepor-se à sua estrutura jurídica:

1º) não temos qualquer dúvida de que **por via do Reporte se opera uma efectiva transferência de propriedade dos títulos,** em virtude da qual o Reportador se torna seu verdadeiro proprietário durante o prazo de vigência do contrato – e, sublinhe-se, «não é uma propriedade condicional, nem sequer temporária, pois que o Reportado deixa de ser o dono dos títulos entregues, já que os que o Reportador lhe revendeu a termo não foram os mesmos, mas outros iguais» (*vide* CUNHA GONÇALVES, *in* ob. cit., pág. 529).

No empréstimo sobre penhores, o mutuante, enquanto credor pignoratício, nunca adquire o direito de propriedade sobre a coisa empenhada, mas goza apenas do direito a ver satisfeito o seu crédito com preferência sobre os demais credores (artigos 666º, 670º e 671º do Código Civil); pelo contrário, «no reporte, os títulos não são emprestados, são dados em plena propriedade», como bem diz RUY ULRICH, o que explica que no penhor o credor não possa dispor do objecto penhorado (artigo 670º, quando enumera os direitos do credor pignoratício), ao passo que o Reportador pode dispor livremente dos títulos de crédito reportados.

No mesmo sentido, RICARDO CRUZ, reafirmando a necessidade de distinguir o Reporte, enquanto «acordo de recompra», da figura do empréstimo caucionado, aponta, a este nível, que «no empréstimo caucionado não se verifica necessariamente a *"apropriação efectiva"*, pelo cedente de fundos, dos valores mobiliários que constituem a garantia-caução. Essa *"posse plena"* é, opostamente, admitida na operação de reporte, através da sua aquisição a contado

---

cia de títulos contra um preço, a função económica do reporte não é a de uma operação de troca, mas a de uma operação de crédito.». MENEZES CORDEIRO prossegue, esclarecendo que, «dentro da categoria financeira, o reporte surge como *operação garantida*. Na verdade, as partes que recorrem ao reporte não pretendem, por definição, uma transferência de títulos: tudo se passa de modo diverso, uma vez que a titularidade do reportador é efémera. E, pela mesma ordem de ideias, tão-pouco está em causa uma transferência definitiva de fundos. Tudo visto, joga-se, no reporte, um **mútuo especialmente garantido.**» (*vide* MENEZES CORDEIRO, *in* ob. cit., pág. 449).

52 A celebração de contratos de reporte por sociedades gestoras de FIM

combinada com a revenda firme a prazo, a preço certo e conhecido à partida» (*vide* ob. cit., pág. 31)[18].

Só admitindo esta efectiva transferência de propriedade a favor do Reportador, que não existe no penhor, é que se compreendem as diferenças de regime. Assim, vamos ter que:

- **no reporte,** o Reportador é responsável pelos riscos de deterioração, perda ou desvalorização inerentes à propriedade dos títulos, ao passo, que **no penhor,** o credor pignoratício pode exigir a substituição ou reforço do penhor (e inclusive o imediato cumprimento da obrigação em dívida) se a desvalorização ou deterioração da coisa empenhada prejudicar a garantia que ela representa (artigo 670º, al. c) do Código Civil);

- **no reporte,** findo o prazo do contrato e chegada a data da liquidação futura, impende sobre o Reportador o dever de restituir ao Reportado títulos da mesma espécie daqueles de que inicialmente se tornou proprietário (artigo 477º do Código Comercial); **no penhor,** em contrapartida, extinta a obrigação cujo cumprimento a coisa empenhada visava acautelar, tem o credor pignoratício o dever de a restituir ao autor do penhor (artigo 671º, al. c) do Código Civil) – mais uma vez constatamos que a transferência de propriedade que afirmamos no Reporte não é uma pura construção doutrinal, mas tem as mais profundas implicações práticas, permitindo ao Reportador dispor livremente dos títulos durante a vigência do contrato;

- **no reporte,** como já vimos, o Reportador pode alienar livremente os títulos que adquiriu na operação a contado, «mesmo a um terceiro sabedor da existência do reporte» (RUY ULRICH, ob. cit., pág. 194), já que realizará cabalmente a prestação devida se entregar ao Reportado títulos equivalen-

---

[18] «O credor pignoratício tem posse em nome próprio do direito resultante do penhor, não do direito de propriedade da coisa empenhada, ele é possuidor em nome próprio do direito de penhor e possuidor em nome alheio do direito de quem constitui o penhor.» (*vide* ABÍLIO NETO, *in* «Código Civil Anotado», 1995, EDIFORUM – anotação 2 ao artigo 666º).

Capítulo I

tes – «de resto, o Reportador revende os títulos a prazo, o que só como proprietário pode licitamente fazer»; todavia, **no penhor**, ao credor está desde logo vedada, em princípio, a possibilidade de usar do objecto do penhor sem autorização do seu proprietário, e a eventualidade de uma venda da coisa empenhada apenas é contemplada excepcionalmente, antes do vencimento da relação pignoratícia, na hipótese de «haver fundado receio de que a coisa empenhada se perca ou deteriore», exigindo-se sempre prévia autorização judicial (artigo 674º do Código Civil);

- finalmente, assumindo-se o Reportador como o efectivo proprietário dos títulos de crédito negociados, forçosamente que estes não podem figurar como a coisa empenhada (o objecto do penhor), pois está afastada a hipótese de haver penhor sobre uma coisa própria.

2º) Outra das diferenças entre a figura do Reporte e o Empréstimo sobre Penhor é apontada ao nível da **(in)existência de uma necessária correspondência entre o valor da dívida e o montante dos valores dados em garantia.**

Efectivamente, se **no penhor** se pode afirmar que, em princípio, **a garantia afecta à operação excede em valor o montante do capital mutuado**[19], **no Contrato de Reporte, por seu turno, a multiplicidade e diversidade dos interesses em jogo não nos permite afirmar ou negar uma perfeita equivalência entre os dois valores**, pois tudo dependerá, em cada caso, do funcionamento do mercado, onde intervém, desde logo, a lei da oferta e da procura, bem como da preponderância do interesse do Reportado numa determinada soma de dinheiro ou do do Reportador na obtenção temporária da efectiva disponibilidade dos títulos que o Reportado possui[20].

---

[19] ADRIANO ANTHERO diz, a este respeito, que «no penhor de títulos de crédito negociáveis a soma adiantada ou abonada é sempre muito inferior ao valor dos títulos» que são empenhados (*in* ob. cit., pág. 59).

[20] Não concordamos, por isso, com a observação que a este respeito faz RICARDO CRUZ, quando afirma (pág. 31) que no Reporte se verifica necessa-

54 *A celebração de contratos de reporte por sociedades gestoras de FIM*

Afirmar a afinidade entre o Reporte e o Empréstimo Caucionado por Penhor equivaleria a termos de afirmar aquela discrepância que, como pretendemos ter demonstrado, não existirá necessariamente no primeiro (o que não significa que não possa existir, note-se).

3°) No caso de o Reportado, chegada a data da execução da operação a prazo, se recusar a receber os títulos e a devolver os capitais inicialmente transaccionados, pode o Reportador proceder validamente à venda dos títulos, estando ainda legitimado a exigir do Reportado o pagamento de alguma diferença que eventualmente exista em prejuízo do Reportador; pelo contrário, como já dissemos, vencida a obrigação que a coisa ou valores mobiliários visam garantir, não tem, em princípio, o credor pignoratício o direito de proceder à sua venda para se pagar à custa do respectivo produto, mas terá de aguardar a venda judicial, cujo produto lhe será adjudicado para satisfação do seu crédito (artigo 675° do Código Civil) – salvaguarda-se contudo a hipótese admitida no mesmo preceito de as partes convencionarem a venda extrajudicial.

4°) Agora é o próprio modo de funcionamento do mercado financeiro que se opõe à identificação do Contrato de Reporte com o instituto do Empréstimo sobre Penhor: **as exigências de rapidez, simplicidade e celeridade em que assenta a operacionalidade do mercado financeiro seriam inconciliáveis com o mecanismo do Penhor**, onde se proíbe ao respectivo credor o uso da coisa empenhada sem consentimento do autor do penhor, onde é exigido àquele credor que extinta a obrigação que se visava caucionar entregue

---

riamente «o estabelecimento de uma correspondência estreita – quer no instante da celebração do contrato de reporte, quer ao longo da respectiva vigência – entre o valor do empréstimo (determinável nos termos do contrato) e o valor corrente dos valores mobiliários que constituem a garantia (não determinável *a priori* em virtude de depender da evolução do seu preço no mercado secundário)». Mas, como já anteriormente dissemos, este entendimento baseia-se numa particular concepção do Contrato de Reporte, com a qual nos permitimos não concordar, que o vê fundamentalmente como uma operação de crédito, onde aos títulos negociados caberia unicamente uma função de garantia.

Capítulo I

ao devedor a coisa dada em penhor, onde a execução coactiva da prestação do devedor, em caso de incumprimento, passa, via de regra, pela venda judicial do objecto penhorado, etc.

Face a estas considerações, é manifesta a insustentabilidade prática de tal teoria, que logo cede quando confrontada com as exigências práticas que a figura deveria satisfazer[21].

5º) A Teoria do Empréstimo sobre Penhor também cairá por terra face à constatação, já abordada por nós quando apreciámos a posição e papel de cada um dos intervenientes no Contrato de Reporte e modo de determinação do preço respectivo, de que **o próprio Reportador também tem interesses bem definidos susceptíveis de o moverem a intervir num tal contrato** – na altura dissemos que seria manifestamente artificial atribuir ao Reportador o papel passivo de um mero cedente de fundos.

Assim, chegamos à conclusão de que o Reporte nem sempre tem por fim um empréstimo de dinheiro, faltando a intenção de o contrair quando é o Reportador quem tem interesse em dispor dos títulos para desta forma alcançar, por exemplo, o direito de entrada numa sociedade, ou para garantir a maioria na votação de uma assembleia geral, ou para participar num sorteio, etc. Nestes casos, quando o Reportador disponibiliza ao Reportado uma certa soma em dinheiro, não o faz com a intenção de acudir a uma sua necessidade em obter capitais, mas é ele quem pretende obter a disponibilidade dos títulos em ordem à consecução de interesses próprios.

Aliás, é também o facto de o Reportador, no decurso do prazo do Reporte, poder exercer o direito de propriedade sobre os títulos, como já anteriormente foi dito, «em todos os sentidos e em todas as suas aplicações»[22], o que igualmente nos faz ver que o seu

---

[21] «Sem dúvida que os princípios jurídicos não podem ser vencidos pelas conveniências práticas. Se forçoso fosse reconhecer a identidade do reporte e do empréstimo sobre penhores, não poderíamos alterar a verdade em homenagem a tais conveniências. Mas quando essa teoria, praticamente tão perigosa, carece ainda de sólido fundamento científico, menos se compreende que alguém a defenda!» (*vide* RUY ULRICH, *in* ob. cit., pág. 195).

[22] ADRIANO ANTHERO, *in* ob. cit., pág. 66.

56 A celebração de contratos de reporte por sociedades gestoras de FIM

interesse em ser parte numa tal transacção poderá em muito ultrapassar o da obtenção de um lucro pela cedência de capitais ao Reportado.

6º) De tudo o que já foi dito, apercebemo-nos desde logo que não podemos afirmar uma afinidade substancial entre o Contrato de Reporte e o do Empréstimo sobre Penhores, pois a efectiva transferência de propriedade que se opera no primeiro tem as mais significativas implicações práticas, que não nos permitem equiparar os dois institutos ao nível da função sócio-económica que cada um desempenha.

E a tudo acresce ainda o facto de também formalmente as duas figuras se afastarem uma da outra: enquanto o Contrato de Mútuo está sujeito à observância da **forma legal** imperativamente imposta (artigo 1143º do Código Civil), em relação ao Reporte há inteira liberdade de forma, o que em última análise nos levaria a aceitar como válido um empréstimo que, por inobservância de um requisito legal, seria necessariamente nulo.

7º) Para quem entenda, como CUNHA GONÇALVES, que, se no Reporte é essencial à sua validade a entrega real dos títulos, a entrega do dinheiro no momento da liquidação desta operação a contado já não se afirma como condição de existência do contrato, em face desta posição, dizíamos, cederá certamente a daqueles que procuram reduzir o Reporte a um simples Empréstimo, ainda que especialmente caucionado.

De facto, a entender-se que o fim último (e único) do Contrato de Empréstimo é facultar ao mutuário a cedência de capitais de que carece e que não possui, como explicar então que se admita a existência do Reporte ainda que na operação a contado não haja pagamento do preço?

Isto equivale a afirmar que o Reporte existirá sem que tenha havido a efectiva entrega de capitais a favor do Reportado no momento da operação a contado (esclareça-se que não se nega a transferência de propriedade desses fundos em benefício do Reportado, mas apenas pretendemos demonstrar que a entrega real desses fundos não é condição de existência do Reporte), vista por alguns Autores como o fim último deste Contrato.

Se, como diz CUNHA GONÇALVES, «não estando pago o preço o Reporte existe e quem entregou os títulos pode obrigar o comprador a executar a sua obrigação, não se entregando os títulos não existe o Reporte, e o Reportador não pode obrigar o Reportado a fazer a entrega» (*in* ob. cit., pág. 529)[23], a aceitarmos esta interpretação, perde sentido pretender ver no Contrato de Reporte apenas um modo de concessão de crédito.

8º) Finalmente, e definitivamente aceite a legitimidade do Reporte, como operação real e séria, destinada a desempenhar uma função económica bem definida, insusceptível de se confundir com outras de intuitos meramente especulativos, assim afirmado o divórcio definitivo entre o Reporte e as operações diferenciais, reconhecemos com certeza que com tal complexo de transacções não pretendem as partes ocultar ou dissimular um fim proibido por lei; também o Empréstimo se afirma como um contrato lícito à luz dos princípios gerais do direito.

Ora, como explicar então que as partes se servissem do Reporte para ocultar um Empréstimo, quando nenhum dos institutos procura contornar proibições legais, nenhum deles se pode afirmar como uma fachada lícita para fins ilícitos? Qual seria o interesse em ocultar um empréstimo, sob a veste de um Reporte, quando o fim pretendido com o primeiro é perfeitamente lícito?

E a admitir-se que pelo Reporte nada se procura ocultar ou disfarçar, mas que no fundo se pretenderia a realização das mesmas finalidades que o Empréstimo serve, como explicar que as partes se servissem do primeiro? Afirmar a identidade entre os dois institutos levar-nos-ia, em última instância, a ter de negar um deles, já que, esgotando-se por completo no outro, acabaria por se tornar inútil.

---

[23] Vide, em sentido oposto, ADRIANO ANTHERO, para quem «é essencial para a validade do reporte a entrega real dos títulos, **e não falando o preceito legal da entrega do dinheiro, parece que essa entrega do dinheiro não é condição essencial do contrato; pois a verdade é que tanto a entrega do dinheiro como dos títulos, é condição essencial do reporte.** E se o Código fala só na entrega real dos títulos, é porque a entrega do dinheiro já estava consignada expressamente pelo artigo, pelas palavras *a dinheiro de contado*» (*in* ob. cit., pág. 54).

Para podermos afirmar a existência autónoma de cada um destes negócios jurídicos, como categorias próprias, de características bem definidas, temos certamente de reconhecer que com eles se procuram objectivos diferentes, que um deles necessariamente realizará finalidades que são estranhas ao outro, precisamente porque não caberão na função económica que em dado momento justificou o seu nascimento como figura jurídica autónoma.

Se no empréstimo o mutuário procura a cedência temporária de dinheiro ou outra coisa fungível (artigo 1142° do Código Civil), a função económica que cabe ao Reporte consistirá em permitir o adiamento de uma operação anteriormente estipulada, impossível de conseguir de outra forma – «este é o princípio fundamental de que se deve partir para elaborar uma teoria jurídica do Reporte» (RUY ULRICH, *in* ob. cit., pág. 207).

B) TEORIAS INTERMÉDIAS: A TEORIA DA VENDA A RETRO:

Limitar-nos-emos a enunciar aqui os principais aspectos desta Teoria, já que a sua análise detalhada não nos parece relevante face ao objecto do estudo que nos foi solicitado. Todavia, importa esclarecer as diferenças entre as duas figuras, já que na realidade o Reporte parece apresentar-se como uma «venda seguida de um resgate imediato», razão pela qual muitos autores vêem no Contrato de Reporte uma simples venda a retro.

A venda a retro vem tratada nos artigos 627° a 633° do Código Civil, e pode ser definida como «uma só convenção, uma venda única, em que se insere como cláusula acessória a faculdade para o vendedor de chamar de novo a si o objecto, restituindo o preço» (*vide* BAPTISTA LOPES, *in* «Compra e Venda», pág. 204).

A proximidade entre as duas figuras é particularmente sentida quando se constata, como GALVÃO TELLES, que «a venda a retro pode servir interesses sérios e legítimos, como o daquele que, precisando de dinheiro, não queira todavia recorrer ao crédito, para não sentir o peso dos encargos, e não queira também despojar-se definitivamente dos bens, conservando a esperança e o direito de os recuperar» (*in* BMJ, 83° – 134).

Não nos deixemos, todavia, iludir e enganar pelas semelhanças, já que as diferenças são significativas:

a) na Venda a Retro há uma única convenção de compra e venda, na qual é incluída uma cláusula especial quanto à possibilidade do direito de resolução, enquanto **no Contrato de Reporte** se afirma um fluxo de transacções simultâneas sobre os mesmos valores que, incapaz de prejudicar a «unidade moral» deste contrato, conduz contudo à sua consagração como «operação dupla».

b) Se na Venda a Retro a propriedade transferida para o comprador está condicionada à resolução do contrato por parte do vendedor, sempre que este disponha então do dinheiro necessário para recuperar a coisa vendida, acontece que esta inversão da venda celebrada não é obrigatória, pois desde logo a lei civil fala-nos em "faculdade de resolver o contrato" (artigo 927º) – há, nas palavras de RUY ULRICH, «uma simples faculdade de resgate».

Por seu turno, **no Reporte**, a situação é absolutamente diferente, estando de facto o Reportado obrigado, findo o período do contrato, a receber do Reportador os títulos inicialmente vendidos e a pagar-lhe o preço então fixado, liquidando um negócio anteriormente concluído, e que só agora se executará.

RUY ULRICH afirma aqui uma diferença essencial entre dois contratos: se na venda a retro o resgate é facultativo, no reporte é necessariamente obrigatória a recompra (*in* ob. cit., pág. 212).

c) Também a nível formal se afirma a diferença entre estes dois quadros negociais: enquanto que o **Reporte** é consagrado como contrato real quanto à sua constituição, na medida em que a entrega da coisa é exigida como elemento da sua própria formação (artigo 477º do Código Comercial), **na Venda a Retro**, como contrato consensual, é suficiente o acordo das partes para a validade do negócio.

d) Se o vendedor usar da faculdade de resolver o contrato, dispondo-se a entregar ao comprador o preço estipulado para recuperar a coisa vendida, estará o comprador, **na Venda a Retro**, obrigado a restituir a exactamente aquilo que havia comprado; pelo

60 A celebração de contratos de reporte por sociedades gestoras de FIM

contrário, **no Reporte,** como já foi diversas vezes referido, chegada a data da execução da operação celebrada a prazo, o Reportador cumprirá a prestação a que está adstrito perante o Reportado desde que lhe entregue títulos de espécie igual à dos que inicialmente lhe formam transmitidos.

e) O preço pago num e noutro negócio também é substancialmente diferente: enquanto **na Venda a Retro** se procura assegurar uma estreita conformidade entre o montante do preço inicialmente pago pelo comprador/revendedor e o montante do preço restituído pelo vendedor/recomprador aquando da resolução, ambos aferidos pelo real valor da coisa transaccionada (*vide* artigo 928º do Código Civil), **no Reporte,** também já vimos, o preço do contrato dependerá não só dos interesses em jogo, mas das próprias leis de funcionamento do mercado.

São ainda várias as diferenças apontadas entre as duas realidades, mas pensámos ter enunciado aqui as razões de fundo que impõem a distinção entre os dois negócios jurídicos, de modo que é de todo impossível ver entre eles a identidade pretendida pelos defensores de uma tal Teoria[24].

C) TEORIA DA COMPRA E VENDA:

Somos assim chegados à última daquelas Teorias que, pretendendo forçar a entrada do Contrato de Reporte num dos modelos contratuais tradicionais, o vêem como um conjunto de compras e vendas, e que RUY ULRICH sintetiza na seguinte formulação: «é uma venda seguida de uma revenda de uma quantidade igual de coisas entregues; no Reporte há duas compras reais, a simultaneidade da sua realização não importa, pois cada uma delas tem a sua existência individual» (*in* ob. cit., pág. 215).

---

[24] «O reporte, em certos casos, funciona como uma venda a retro, sendo por isso fundada a teoria dos que equiparam aquele a esta.» *vide* CUNHA GONÇALVES, *in* ob. cit., pág. 521.

Quando iniciámos o presente estudo, apreciámos então duas das mais significativas construções doutrinais acerca da figura do Contrato de Reporte: a de AICARDI e a de MARGHIERI. Foi a propósito desta última que, reconhecendo-lhe o mérito de contribuir para a desmistificação de tão complexa realidade, referimos que acabava todavia por a descaracterizar, pois que ao decompo-la nos elementos que a formam, negava a sua unidade íntima e essencial, onde repousa a especificidade da sua natureza. De forma que, ainda que reconheçamos que a Teoria da Compra e Venda é aquela que fornece uma melhor explicação para o Contrato de Reporte[25], não a podemos aceitar, já que existem particularidades nos regimes de cada um dos contratos que não podem ser ignoradas.

Desde logo, admitir o Reporte como um somatório de duas compras e vendas, cada uma delas capaz de se afirmar como um negócio jurídico perfeito, teria importantes consequências ao nível do **regime do incumprimento**, onde a falta de cumprimento de uma seria totalmente incapaz de se reflectir no funcionamento da outra: seríamos forçados a aceitar que, se o Reportador, na operação a contado, não entregasse ao Reportado a soma em dinheiro, ainda assim, dada a existência autónoma das duas operações, estaria o Reportado obrigado a executar o negócio a prazo, recomprando ao Reportador os títulos vendidos, e realmente entregues naquele primeiro momento.

E igual raciocínio teríamos de seguir na hipótese de ser agora o Reportado a não cumprir, com a agravante de, não havendo entrega real dos títulos, não podermos sequer afirmar o Reporte: se na operação a contado o Reportado não entregasse os títulos ao Reportador, estaria este, mesmo assim, obrigado, na data da liquidação futura, a entregar ao Reportado títulos da mesma espécie, não por força do Reporte, cuja existência não se poderia afirmar, mas por imposição de uma compra e venda que celebrou e a que se vinculou.

---

[25] «O reporte é uma espécie de compra e venda, desse contrato tira os seus elementos constitutivos, mas tem caracteres particulares, **é uma compra e venda** *sui generis*» (*vide* RUY ULRICH, *in* ob. cit., pág. 218).

62 A celebração de contratos de reporte por sociedades gestoras de FIM

Também quanto aos **meios de defesa do contraente lesado perante o incumprimento da contraparte**, afirmam-se no Reporte expedientes que certamente não existem na compra e venda simples. Se, no termo do prazo do Reporte, o Reportado não cumpre, porque se nega a executar o negócio em que figura como (re)comprador, o Reportador, privado dos capitais inicialmente cedidos e que o Reportado se recusa a entregar, poderá vender os títulos de que dispõe na qualidade de verdadeiro proprietário exigindo, legitimamente, do Reportado alguma diferença de preços que eventualmente se verifique em seu prejuízo.

Também o Reportado, perante o inadimplemento do "comprador-revendedor", que na data aprazada não lhe devolve os títulos para recompra, tem a faculdade de aplicar os capitais cedidos na compra de títulos da mesma espécie, exigindo do Reportador a diferença entre o preço fixado no momento da celebração do acordo e o preço por que o Reportado é agora obrigado a comprar.

Ora semelhante mecanismo de protecção não existe na compra e venda, onde o comprador lesado, privado do objecto cuja propriedade para ele se transferiu por força do contrato, poderá apenas exigir a execução coactiva da prestação a que tem direito e requerer uma indemnização por perdas e danos eventualmente sofridos. O vendedor, a quem o comprador se recuse a entregar o preço, poderá socorrer-se de iguais meios.

Finalmente, a apreciação do **regime jurídico que disciplina a resolução contratual** num e noutro caso permite-nos também afirmar a diferença intrínseca existente entre as duas figuras (a respeito da íntima e inegável ligação entre as duas operações em que o reporte se traduz, fizemos já referência a esta particularidade do seu funcionamento).

A resolução do contrato consiste na «destruição da relação contratual» (*vide* ANTUNES VARELA, *in* «Das Obrigações em Geral», II vol., pág. 242), reconduzindo as partes à situação de facto em que se encontravam antes da celebração do contrato. Na compra e venda a resolução implicará que o preço seja restituído ao comprador e o objecto da venda ao vendedor.

Mas, no Contrato de Reporte, a destruição do contrato em que a resolução se traduz coincidirá forçosamente com a sua execução.

Capítulo I 63

Se com a resolução se procura restabelecer a situação de facto anterior à data da celebração, teremos então de entregar ao Reportado os títulos de que ele é o proprietário inicial e devolver ao Reportador os capitais que detém e que havia aplicado numa operação de Reporte. Mas é precisamente nesta reversão da operação inicial que consiste a execução da operação a prazo. «Quando no Reporte não se haja efectuado a segunda compra e venda, pedir a resolução do contrato é o mesmo que pedir a execução da dita compra e venda» (*vide* RUY ULRICH, *in* ob. cit., pág. 220), pelo que este fenómeno especial e interessante, sem paralelismo na compra e venda normal, também nos leva a rejeitar a Teoria da Compra e Venda como explicativa da natureza jurídica do Contrato de Reporte.

7. Conclusões.

Face a tudo o que anteriormente ficou exposto, somos forçosamente levados a concluir que o Contrato de Reporte não é subsumível a nenhuma das categorias jurídicas existentes, ainda que apresente analogias com todas, afirmando-se antes como **«um contrato de uma nova espécie»**, **«um novo produto jurídico»**, surgido em virtude do poder de os homens se autodeterminarem juridicamente, sempre que o Direito se revele incapaz de atender às exigências da vida prática, evitando assim o «divórcio entre o direito e a vida» (nas palavras de PINTO MONTEIRO).

São as solicitações da vida privada que impulsionam o surgimento de figuras contratuais novas, onde a capacidade imaginativa dos indivíduos vem assumir um papel determinante no rejuvenescimento da própria ordem jurídica.

Tudo isto pretende fazer-nos ver que se o Contrato de Reporte surge com recortes precisos e bem definidos, insusceptíveis de o reconduzir aos modelos tradicionais, é porque ele acode a necessidades diferentes, que em dado momento se fizeram sentir e que ditaram o seu nascimento. Sempre que isso aconteça, «é desejável que ao novo contrato seja dado um novo nome, que mostre bem claramente que ele é um novo negócio jurídico surgido das necessidades do tráfico, regido segundo a sua natureza própria e não pelo modelo fixo de outros institutos já conhecidos» (*vide* RUY ULRICH, *in* ob. cit., pág. 222). Tudo estará então em descobrir e definir que necessidades foram essas, de forma a determinar a função económica que desempenha no todo social.

Terminamos a abordagem da «*vexata questio*» da natureza jurídica do Contrato de Reporte pelas palavras proferidas pela Comissão de Legislação da Câmara dos Deputados, no seu Parecer sobre o Projecto do Código Comercial de 1888, citadas por RUY ULRICH, no final da obra que foi o fio condutor do nosso estudo: **«O reconhecimento do Reporte como contrato *sui generis*, evita as graves questões, que originam a dúvida sobre a sua natureza jurídica.»**

CAPÍTULO II

DAS SOCIEDADES GESTORAS DE FUNDOS DE INVESTIMENTO MOBILIÁRIO

1. Os Organismos de Investimento Colectivo em valores mobiliários.

O Decreto-Lei n. 276/94, de 02 de Novembro, na sua redacção inicial, destinou-se, como se refere no respectivo Preâmbulo, a transpor para a nossa ordem jurídica a Directiva Comunitária que regulamenta alguns dos chamados **Organismos de Investimento Colectivo em Valores Mobiliários (OICVM)** – Directiva do Conselho n.º 85/611/CEE, de 20 de Dezembro de 1985. O cumprimento das disposições comunitárias sobre a matéria exigiu, então, a reformulação do regime jurídico dos Fundos de Investimento Mobiliário constituídos em Portugal, até a essa data regulamentados pelo já mencionado Decreto-Lei n.º 229-C/88, de 04 de Julho.

Dentro da grande categoria dos **Organismos de Investimento Colectivo em Valores Mobiliários**, onde se englobam também as chamadas Sociedades de Investimento de Capital Fixo (SICAF) e Sociedades de Investimento de Capital Variável (SICAV), encontramos os **Fundos de Investimento (Mobiliário e Imobiliário).**

Em face desta tipologia dos Organismos de Investimento Colectivo em Valores (necessariamente incompleta, pois não se trata aqui de desenvolver a matéria, mas apenas a referimos com o objectivo de localizar o caso particular dos Fundos de Investimento), constata-se que é insuficiente definir os Fundos de Investimento Mobiliário (a partir de agora designados abreviadamente por **"FIM"**) como Organismos de Investimento Colectivo em Valores

Mobiliários (que também passaremos a identificar pela abreviatura **"OICVM").**

Com efeito, acontece que todos os "OICVM" têm na sua base a ideia de concentrarem as disponibilidades financeiras de uma multidão de pequenos investidores, titulares de pequenas poupanças, cuja falta de preparação técnica ou até de tempo os impede de aplicarem produtivamente os capitais disponíveis. No fundo, estes organismos são construídos com base no **binómio divisão de riscos / maximização da rentabilidade das aplicações,** permitindo aos pequenos aforradores canalizarem as suas poupanças para formas de investimento colectivo, onde uma carteira diversificada de valores e a especialização das instituições encarregadas da respectiva gestão permite potencializar a rentabilidade dessas poupanças, mas com ponderação do risco inerente.

Todavia, como é evidente, existem diferenças substanciais e significativas entre cada um destes "veículos de investimento", que condicionam as opções dos investidores no momento de aplicarem as suas poupanças. Vamos agora aprofundar um pouco o modo de funcionamento dos Fundos de Investimento Mobiliário, pois é no âmbito do regime jurídico destas instituições que importa apurar a (in)admissibilidade de operações de reporte.

2. Os Fundos de Investimento Mobiliário (os "FIM").

Situados os Fundos de Investimento na categoria geral dos Organismos de Investimento Colectivo em Valores, pretendemos agora, de acordo com o esquema que seguimos no estudo do Contrato de Reporte, analisar tal **«instrumento de canalização de poupança por excelência»,** saber em que consiste, como se organiza, como funciona, quais os princípios por que se rege e que vantagens justificam o crescente sucesso desde o seu aparecimento.

Procuramos apenas, com tal análise, facilitar a introdução na matéria, sem nos demorarmos muito numa exposição excessivamente teórica, não só por ser diminuto o interesse de semelhante estudo face à questão que nos foi proposta, mas também porque na matéria dos Fundos de Investimento não surgem questões técnico-

Capítulo II 67

jurídicas que reclamem uma tomada de posição, ao contrário do que verificámos ao longo da nossa dissertação sobre o Contrato de Reporte.

Os Fundos de Investimento vêm afirmar-se como uma alternativa às formas tradicionais de investimento, como um produto novo na óptica do financiamento das empresas e da aplicação de capitais, capaz de proporcionar uma diversificação de investimentos que não está certamente ao alcance da generalidade dos aforradores, pela forma como permitem agregar uma multiplicidade de pequenas poupanças recebidas do público e colocá-las sob a gestão especializada de sociedades financeiras que se encarregam da sua aplicação em valores financeiros (acções, obrigações, títulos do tesouro, ou de participação, etc.) ou em valores reais, formando uma carteira que, pela sua diversificação, permitirá atenuar o risco inerente a qualquer investimento.

Assim, consoante a natureza dos valores em que as entidades incumbidas da gestão colectiva da poupança aplicam os dinheiros recebidos do público investidor na composição de uma carteira diversificada de valores podemos distinguir, genericamente, os **Fundos de Investimento Mobiliário** dos **Fundos de Investimento Imobiliário**, sendo que no primeiro caso os capitais recebidos do público são fundamentalmente aplicados na aquisição de valores mobiliários («numerário, depósitos bancários, títulos de dívida pública, acções, direitos de subscrição, obrigações, títulos de participação, certificados de participação de outros fundos de investimento e aplicações nos mercados interbancários» – valores susceptíveis de constituírem o património de um FIM, de acordo com uma descrição feita no Artigo «Fundos de Investimento Mobiliário», *in* «Mercados de Valores Mobiliários – Estudos e Estatísticas», 3º Trimestre 1993, Ano II, n.º 3) que compõem o património autónomo de que aqueles investidores são proprietários (e que apenas "cabe à sociedade gestora gerir"); no segundo caso, essa carteira de valores é composta primordialmente por «valores imobiliários de raiz ou valores mobiliários de sociedades cujo objecto específico seja a transacção, mediação, desenvolvimento ou exploração imobiliária» (*vide* PEDRO EIRAS ANTUNES e ÁLVARO CAIRES PEIXOTO, *in* «Fundos de Investimento – Análise, Gestão e Performance», Texto Editora, pág. 35). Todavia, apenas nos interessa, presentemente, a figura dos Fundos de Investimento Mobiliário, pelo que só dela nos ocuparemos.

Diz-nos o artigo 3°, n.º 2 do Decreto-Lei n.º 276/94, de 02 de Novembro, que **«os fundos de investimento constituem patrimónios autónomos, pertencentes, no regime especial de comunhão regulada pelo presente diploma, a uma pluralidade de pessoas singulares ou colectivas, designadas por participantes...»**; FIM são, nas palavras de CARLOS BASTARDO, «patrimónios que resultam da aplicação de poupanças de investidores, aforradores individuais e/ou colectivos, em valores inseridos em mercados primários (mercados de emissões) e em mercados secundários (mercados de transacções) de uma forma agregada e profissional» (*in* «Infor-Banca», Ano VI, n.º 23, Jul.-Set. 94, págs. 8 e 9). Na prática, o que se passa é que os investidores depositam "nas mãos" de uma entidade gestora os seus fundos monetários disponíveis, para que esta os aplique na aquisição de valores mobiliários, que irão compor um património independente de que aqueles investidores são os efectivos proprietários, «num regime especial de comunhão».

Os FIM traduzem uma inversão dos hábitos de investimento dos portugueses, que deixaram de investir directamente na Bolsa, confiando agora a gestão dos seus activos à tutela de profissionais especializados, o que garante certamente ao investidor um maior nível de segurança e um menor grau de risco.

A apreciação de qualquer estratégia de investimento exige a consideração de três aspectos: **o risco, a rentabilidade e a liquidez**. Por isso, o estudo dos FIM passará necessariamente pela apreciação da figura nestas três perspectivas.

O modo como os FIM se estruturam permitiu-nos já afirmar que uma das vantagens destes organismos é permitirem aos investidores uma aplicação dos seus capitais sem se sujeitarem a um elevado **grau de risco.** Efectivamente, os aforradores individuais ou colectivos, interessados em aplicarem os seus capitais de um modo rentável mas sem correrem grandes riscos, encontram nos

FIM um veículo alternativo por excelência, bastando-lhes para o efeito entregar à respectiva entidade gestora os activos que lhe caberá aplicar, o que conseguirão adquirindo «unidades de participação», que são partes do património que o fundo representa, tornando-se deste modo proprietários de uma parte do património correspondente ao número de unidades de participação adquiridas.

Para melhor compreendermos em que consistem estas unidades de participação, cuja aquisição consiste precisamente no modo de investimento em FIM, veja-se o que dizem PEDRO EIRAS ANTUNES e ÁLVARO CAIRES PEIXOTO, na sua obra já citada: «do mesmo modo que uma empresa emite acções, que são subscritas pelos seus sócios, também um fundo de investimento emite unidades de participação, colocadas junto do público pela sua entidade comercializadora» (pág. 14). Podemos então afirmar que os dinheiros do público investidor são levados até junto da entidade gestora de um determinado FIM pela aquisição de unidades de participação, cabendo depois a essa entidade, no exercício das funções de gestão que lhe competem, aplicar essas poupanças na aquisição de valores que irão compor o património autónomo que é o fundo.

Esta sociedade gestora, orientada por um princípio dinâmico de constante actualização dos valores componentes do fundo, deve assegurar um compromisso constante entre «rentabilidade», por um lado, e «segurança», por outro, de forma a que o esforço de maximização de um não se faça à custa do outro.

A ideia de segurança, de controlo do risco dentro de limites conhecidos, está intimamente ligada à natureza dos valores que compõem o património do fundo, sendo certo que, quanto maior for a percentagem do património do fundo investido em acções, maior é o risco. Certo é também que a composição do património obedece a regras prudenciais, destinadas a limitar estratégias de investimento mais agressivas e impondo, dentro de certos valores, aplicações em instrumentos que permitem, por definição, aplicações bastantes seguras. É no desenvolvimento desta ideia que iremos prosseguir na apreciação do tema que nos foi proposto, sendo certo, todavia, que para já pretendemos esclarecer um pouco mais acerca do modo de funcionamento dos fundos.

70   *A celebração de contratos de reporte por sociedades gestoras de FIM*

Outro dos aspectos que devem ser necessariamente tidos em conta para que se possam apreciar as reais vantagens deste instrumento de poupança é o da sua **rentabilidade:** a gestão profissional e especializada dos capitais a que, através destes expedientes, os investidores conseguem aceder, bem como a diversificação dos valores que compõem o património respectivo, garantem efectivamente níveis de rentabilidade competitivos, em que o nível de risco não excede determinados limites.

Finalmente, o **elevado nível de liquidez** que os FIM oferecem aos aforradores é igualmente apontado como uma vantagem justificativa do seu enorme e crescente sucesso. De facto, este tipo de aplicações goza de incomparável liquidez, já que os participantes, sempre que necessitem de dinheiro, podem pedir o reembolso das unidades de participação de que são titulares (no caso do FIM Abertos) ou negociá-las na Bolsa (se se tratar de unidades de participação em FIM Fechados), suportando custos de resgate pouco significativos (a denominada "comissão de resgate").

São estas, de uma forma abreviada, as vantagens inegáveis dos Fundos de Investimento Mobiliário, cuja existência pressupõe, como já fomos adiantando:

- **uma sociedade gestora,** formada por uma equipa de técnicos responsáveis, a quem compete assegurar a aplicação profissional das poupanças canalizadas para o fundo, adquirindo valores que, pela sua própria natureza, permitem combinar «segurança e rentabilidade» em benefício dos participantes; pela prestação deste serviço de gestão profissionalizada, a sociedade gestora cobra a chamada "comissão de gestão", que é a remuneração da actividade desta entidade;
- **uma instituição depositária,** que apoia e assiste administrativa e comercialmente a actividade da sociedade gestora, desempenhando funções acessórias à de gestão, indispensáveis a um bom funcionamento do fundo, como sejam o processamento das subscrições e resgates, a prestação de serviços de custódia, a administração de valores, desempe-

nho de acções de vigilância, recebimento de dividendos e juros e a prestação de informações solicitadas pelos participantes do fundo. À Entidade Depositária não cabe um papel passivo de mera guarda dos activos sob gestão da primeira, mas o bom desempenho da multiplicidade de tarefas operacionais que lhe são atribuídas é decisivo ao bom funcionamento do fundo.

- **uma entidade colocadora ou comercializadora,** a quem compete, como o próprio nome sugere, divulgar, promover e comercializar o fundo junto do público investidor, captando recursos através da venda de certificados de participação do fundo respectivo junto dos destinatários; esta função cabe habitualmente a instituições financeiras, cuja rede de balcões é um meio privilegiado para a captação de recursos, de modo que assim lhes cabe um papel determinante na própria expansão do património do fundo.

- **e participantes,** aforradores individuais e/ou colectivos que, através da aquisição das unidades de participação emitidas, aplicam as suas poupanças na formação do património que por sua vez vai ser administrado pela respectiva entidade gestora segundo regras de prudência e profissionalismo. No acto de subscrição das unidades de participação, é cobrada aos Participantes uma comissão – a chamada "comissão de subscrição" – destinada também a cobrir os custos havidos com a promoção e comercialização do fundo.

Depois de definida em linhas muito gerais em que consiste a figura dos Fundos de Investimento Mobiliário, na medida em que aqui se trata apenas de apresentar uma das duas peças em jogo na questão que nos foi colocada, esperamos ter deixado ficar uma imagem completa do seu modo de estruturação e funcionamento, passando agora, finalmente, à exposição das nossas reflexões sobre o problema central do presente estudo.

CAPÍTULO III

A PARTICIPAÇÃO DAS SOCIEDADES GESTORAS DE FUNDOS DE INVESTIMENTO MOBILIÁRIO EM CONTRATOS DE REPORTE: A SUA VIABILIDADE À LUZ DO REGIME INSTITUÍDO

Somos assim chegados àquele ponto do nosso estudo em que já nos podemos considerar munidos dos elementos e "ferramentas" indispensáveis à apreciação do tema solicitado[26].

Começámos por nos ocupar pormenorizadamente da análise do Contrato de Reporte, de forma a que pudéssemos definir com algum rigor os contornos de tão complexa e multifacetada figura jurídica, e onde concluímos que, mais importante do que forçar a sua "entrada" em alguma das categorias contratuais tradicionais, era aceitar que se trata de «um produto novo», exigido por uma nova realidade, destinado a fazer face a necessidades e solicitações do mercado financeiro, sentidas em determinada época e incapazes de realizar pelos mecanismos e expedientes tradicionais então existentes.

Posteriormente, estudámos (de forma necessariamente breve, imposta pela natureza do tema em estudo) a figura dos Fundos de

---

[26] Relembramos aqui que o presente estudo foi elaborado numa altura em que a intervenção das Sociedades Gestoras de Fundos de Investimento Mobiliário em Contratos de Reporte não se encontrava regulamentada, surgindo sérias dúvidas quanto à possibilidade de intervirem nestas operações face ao preceito que lhes veda o acesso à realização de operações de crédito, tanto por conta própria como por conta dos fundos que administram (artigo 11º do Decreto-Lei n.º 276/94, de 02 de Novembro). Por isso, o modo como se desenvolve toda a exposição deve ser visto nesse contexto, onde aos poucos fomos procurando construir uma resposta sólida, fundada e coerente.

74 *A celebração de contratos de reporte por sociedades gestoras de FIM*

Investimento Mobiliário, para compreender o seu modo de funcionamento como instrumentos privilegiados de poupança.

Conhecidas as razões do seu incontestável sucesso[27], interessa-nos agora passar a uma apreciação de fundo desta nova realidade, conhecendo em concreto o âmbito dos poderes de gestão dos activos que estão confiados às Sociedades Gestoras de Fundos de Investimento Mobiliário, em ordem a apurar a possibilidade de participarem em Contratos de Reporte, sobretudo à luz do disposto no **artigo 11º do Decreto-Lei n.º 276/94, de 02 de Novembro**, que desenha os contornos do campo de actuação dessas entidades gestoras, nomeadamente quando lhes proíbe contrair e conceder empréstimos.

Na procura de uma solução para a questão que nos foi apresentada, propomo-nos seguir o seguinte percurso:

1. análise da possibilidade de o Contrato de Reporte se reconduzir a uma especial operação de crédito, onde o complexo fluxo de transacções procuraria operar uma efectiva cedência temporária de fundos (?);

2. apreciação dos reais limites da actividade gestora das Sociedades Gestoras de Fundos de Investimento Mobiliário à luz dos princípios que as devem orientar no desempenho das suas actividades;

3. interpretação de tal preceito tendo em conta o espírito da lei, que o levou a vedar umas actividades e a permitir outras.

---

[27] De acordo com o último Relatório Informativo da Associação Portuguesa de Sociedades Gestoras de Fundos de Investimento, de Dezembro de 1992 a Março de 1996 o número de FIM existentes não parou de crescer, passando, neste quatro anos, de 98 para 150. Mas significativo, ao nível da análise do crescimento e expansão dos FIM, foi o ano de 1991, em que não foi só o número de activos em carteira que aumentou (neste período, o volume de activos geridos alcançou os 862,4 milhões de contos), mas o próprio número de fundos existentes deu um pulo significativo, passando de 51, em finais de 1990, para 75, em Dezembro de 1991 (*vide* Revista «Valor», Ano I, n.º 17, 28.02.92, pág. 48).

1. O Contrato de Reporte ocultará um empréstimo?

Face a tudo o que dissemos a propósito da natureza jurídica do Contrato de Reporte, é com facilidade que agora concluímos que seria um puro artifício jurídico pretender qualificá-lo como um simples contrato de empréstimo, no fundo «um mútuo especialmente garantido».

Concerteza que as definições teórico-jurídicas não se poderão impor à realidade, forçando a uma determinada qualificação aquilo que na prática funciona e é usado pelos respectivos destinatários com outros sentidos e finalidades, nem poderíamos ignorar a realidade do funcionamento dos Contratos de Reporte pelos operadores financeiros, e descansarmos à sombra da sua qualificação como um contrato *sui generis*, concluindo, com base em tais abstracções, que, se não é um empréstimo, então as Sociedades Gestoras de Fundos de Investimento Mobiliário podem intervir na sua celebração, como Reportadores ou na qualidade de Reportados.

Não podemos deixar que as construções teóricas se imponham à realidade da vida, forçando a uma determinada definição um fenómeno complexo: razão por que não basta que se diga que o Reporte é um contrato especial, não subsumível na figura do mútuo, para podermos concluir que assim estão abertas as portas à participação das Sociedades Gestoras de Fundos de Investimento Mobiliário. Também não será correcto ignorar as considerações teóricas que então foram desenvolvidas, pois que as especificidades da sua estrutura e da sua construção técnico-jurídica certamente se irão reflectir no funcionamento prático da figura.

Como dissemos a propósito do Contrato de Reporte, porque é que os contraentes se iriam servir do Reporte para conseguir o mesmo fim que alcançam através de um simples contrato de empréstimo, se neste nada há de ilícito nem proibido?

Se no Reporte nada se oculta nem dissimula, porquê este confuso mecanismo de operações apenas para permitir concessões e contracções de créditos?

Como explicar que o próprio Reportador tenha interesses próprios e bem delineados, substancialmente diferentes da mera obtenção de um lucro com a cedência de capitais ao Reportado, e que o levam a participar em Contratos de Reporte?

Como explicar que, nessas hipóteses (que não são meramente académicas) seja o Reportador a suportar o preço do Reporte, pois é dele o interesse em obter a disponibilidade temporária dos títulos que o outro contraente possui?

Como explicar ainda a efectiva transferência de propriedade dos títulos que se opera por via do Reporte a favor do Reportador, que o habilita a exercer todos os direitos inerentes a essa qualidade durante o prazo do Contrato, que em tudo se distingue da posição do credor pignoratício no empréstimo caucionado por penhor? Esta efectiva apropriação dos títulos pelo Reportador permite-lhe a consecução de uma multiplicidade de objectivos, que em muito excedem o mero papel de garantia de uma dívida monetária de que o Reportado seria o pretenso devedor.

Como explicar também, a entender-se o Reporte como uma operação de concessão de crédito, que o preço pago neste especial contrato abstraia do real valor dos títulos negociados, mas seja determinado pelos interesses em jogo e pelas leis de mercado, podendo inclusivamente ser suportado indistintamente pelo Reportador ou pelo Reportado, consoante a parte que couber remunerar, de acordo com as circunstâncias e pretensões em jogo?

Estas são algumas das questões que certamente surgirão sempre que pretendermos ver o Reporte, no seu concreto modo de funcionamento, apenas como uma especial operação de crédito, reflexões que parecem impedir-nos que nos detenhamos perante uma visão simplista e desligada da realidade.

2. Âmbito da actividade gestora das sociedades gestoras de Fundos de Investimento Mobiliário:

Saber se aquelas entidades a quem é atribuída função de, «por conta e no interesse exclusivo dos participantes» (artigo 8° do Decreto-Lei n.º 276/94, de 2 de Novembro), aplicar de uma forma profissionalizada, com nível de risco situado dentro de limites razoáveis (e controlados), mas de uma forma dinâmica, garantindo a sua rentabilidade, os activos colocados sob a sua gestão pelos Participantes, através da subscrição de certificados de participação, **saber**, como dizíamos, **se estas instituições podem, legitimamente, participar em Contratos de Reporte, passa necessariamente pela definição dos limites dos seus poderes de gestão.**

Partindo do pressuposto, já suficientemente demonstrado, de que o Contrato de Reporte não se pode configurar como uma operação de crédito, cujo acesso não estará assim vedado pelo disposto nas alíneas a), b) e g) do n.º 1 do artigo 11º do citado diploma, temos de saber se, ainda assim, a celebração de Contratos de Reporte não exorbitará das funções de gestão que incumbem às Sociedades Gestoras de Fundos de Investimento Mobiliário, que no fundo trabalham, aplicando capitais de que não são proprietárias, devendo por isso ter sempre presente, no exercício das tarefas de que estão incumbidas, o interesse primordial dos seus verdadeiros proprietários, que nelas confiaram para uma eficaz e produtiva administração das suas poupanças.

Poderia então perguntar-se aqui se, ao celebrarem Contratos de Reporte, alienando títulos que compõem a carteira de valores que gerem (intervindo então como "Reportadas"), ou adquirindo, por aplicação dos dinheiros recebidos do público investidor (na qualidade de "Reportadoras") quaisquer valores mobiliários, não estariam as mencionadas Sociedades Gestoras a exceder as suas funções gestoras, actuando já como proprietárias, no exercício de poderes de disposição?

Ora a questão perderá de certa forma a sua razão de ser face ao disposto na alínea a) do artigo 8º do referido Decreto-Lei, onde se diz que «As entidades gestoras actuam por conta dos participantes e no interesse exclusivo destes, competindo-lhes, em geral a prática de todos os actos e operações necessários ou convenientes à prossecução dos seus fins, de acordo com critérios de elevada diligência e competência profissional, e em especial: adquirir e alienar quaisquer valores...».

Assim, ao abrigo do disposto no citado preceito, pode afirmar--se que cabem no âmbito dos seus poderes de gestão os poderes de

78 A celebração de contratos de reporte por sociedades gestoras de FIM

alienação e aquisição, razão por que entendemos mais uma vez, e agora nesta perspectiva, que as Sociedades Gestoras de Fundos de Investimento Mobiliário poderão legitimamente participar na celebração de Contratos de Reporte.

Não devemos descurar, todavia, as linhas por que se deve orientar a sua participação nos mercados primários e secundários, ao aplicar as poupanças dos investidores, e que resultam deste preceito: são **princípios gerais de zelo, diligência, profissionalismo, prudência, integridade, competência, honestidade e transparência** que devem orientar o desenvolvimento da sua actividade na prossecução do seu fim de gestão especializada de activos, sempre de forma a salvaguardar os interesses dos participantes, ponto de partida e fim primordial da sua actuação.

Compreendido o intrínseco modo de funcionamento do instituto do Reporte, onde por regra nada há de oculto, disfarçado ou dissimulado, pautando-se a intervenção dos contraentes por uma ampla transparência, não estarão certamente postos em causa aqueles princípios e regras de conduta pela celebração destes Contratos.

É ainda face ao próprio Código de Conduta das Sociedades Gestoras de Fundos de Investimento Mobiliário[28], emitido e publicado ao abrigo do n.º 1 do artigo 655º do Código do Mercado de Valores Mobiliários, vigente à data, cujas regras deontológicas procuram, essencialmente, preservar a transparência do funcionamento de tais entidades, consagrando aqueles princípios básicos como regras primordiais de conduta, é então face a tais disposições de especial natureza, dizíamos, que também afirmamos a legalidade da sua participação em Contratos de Reporte, insusceptível, pela sua natureza e especial modo de funcionamento, de pôr em causa os princípios de prevalência dos interesses dos participantes e de protecção dos activos sob gestão que devem inspirar a actividade de tais entidades.

---

[28] Este diploma, elaborado pela Associação das Sociedades Gestoras de Fundos de Investimento Mobiliário, foi publicado no Diário da República, de 23 de Fevereiro de 1993, n.º 45, Série II).

3. Interpretação do artigo 11º do Decreto-Lei n.º 276/94 de 2 de Novembro:

A participação das Sociedades Gestoras de Fundos de Investimento Mobiliário em Contratos de Reporte deverá ainda ser apreciada à luz do espírito do Legislador do Decreto-Lei n.º 276/94, de 02 de Novembro, em ordem a conhecermos os motivos, cuidados, preocupações, objectivos e finalidades que estiveram presentes aquando da sua redacção e que ditaram estas concretas soluções legislativas em lugar de quaisquer outras possíveis.

Um texto é susceptível de admitir uma multiplicidade de sentidos, de significados, desde logo pela ambiguidade ou obscuridade das expressões que contém; interpretar um texto não será então mais do que procurar retirar dele um determinado sentido.

Num texto legislativo, o sentido da interpretação será também este, onde, ao fixarmos o alcance com que o texto deve valer, «temos ainda de contar com a possibilidade de a expressão verbal ter atraiçoado o texto legislativo» (*vide* BAPTISTA MACHADO, *in* «Introdução ao Direito e Discurso Legitimador», pág. 176).

Além do mais, o sentido fixado deverá ser de tal forma que, aplicando-se a uma multiplicidade de casos, garanta uma uniformidade de soluções.

Neste caminho de busca de um sentido para o texto legal, temos de seguir certas regras, onde necessariamente teremos em conta a «letra da lei» – elemento gramatical – e o seu «espírito» – elemento lógico.

Sem pretendermos fazer um estudo aprofundado da problemática da «hermenêutica jurídica», importará contudo apreciar o texto legal nestas duas perspectivas, de forma a firmar o seu sentido.

Interessar-nos-á aqui apurar se, quando o legislador proibiu às Sociedades Gestoras de Fundos de Investimento Mobiliário a contracção e concessão de empréstimos, pretendia também vedar o acesso destas entidades a figuras contratuais especiais, como são os Contratos de Reporte.

Na **letra da lei** não encontramos nenhum contributo significativo, já que aí apenas se diz que é especialmente vedado a essas

80　*A celebração de contratos de reporte por sociedades gestoras de FIM*

entidades contrair e conceder empréstimos, quer por conta própria quer por conta dos fundos (artigo 11º, al. a), b), g).

Passemos por isso à sua apreciação à luz de outra das directivas que nos devem orientar: o **elemento racional ou teleológico**, enquanto razão de ser da lei, fim visado pelo legislador ao elaborar a norma, interesses e cuidados que o levaram à consagração de tal solução. Aqui, é fundamental ainda conhecermos a conjuntura política, económica e social que privilegiou uma solução em detrimento de outras possíveis.

E relativamente à hipótese particular em análise, não pode ser estranha à apreensão do sentido da referida disposição a consideração, por um lado, de princípios básicos de segurança, certeza, estabilidade e transparência que devem inspirar a actuação das Sociedades Gestoras, e, por outro lado, uma tendência para a retracção da concessão de crédito, pela erosão e ineficácia das garantias bancárias tradicionais.

Ora **foi neste contexto que o legislador, para garantir a segurança da actividade das Sociedades Gestoras de Fundos de Investimento Mobiliário, e conhecendo o risco inerente à concessão de crédito, lhes vedou tais operações.**

Sabendo, como sabemos, que o Reporte ultrapassa as simples operações tradicionais de crédito, e conhecendo o seu modo de funcionamento, não podemos aceitar que tenha sido intenção do legislador proibir a sua celebração, porque os motivos que determinaram a proibição de uma não valem para proibir a outra actividade, não havendo, no Reporte, o mesmo clima de insegurança e incerteza que está inerente às operações de crédito[29].

---

[29] A opinião que a este respeito sustentámos na altura da elaboração deste trabalho – onde defendemos que por se afastar das simples operações de crédito não podíamos ver o reporte no mesmo clima de insegurança e incerteza – é agora inegavelmente apoiada pela disciplina que veio a ser consagrada no Regulamento da CMVM n.º 10/98, de 05.08 (*in* DR., 2ª Série, n.º 191, 20.08), já referido *supra*. E precisamente quanto à específica questão do risco envolvido – argumento frequentemente apontado por quem defende uma interpreta-

Ainda podemos afirmar a admissibilidade da celebração de Contratos de Reporte por parte das Sociedades Gestoras de Fundos de Investimento Mobiliário à luz da consideração do **elemento sistemático**, que compreende a apreciação do contexto da lei e de lugares paralelos.

Efectivamente, não podemos ignorar o facto de a **Lei Orgânica do Banco de Portugal**[30], no seu artigo 35°, quando delimita as actividades que o Banco pode praticar na execução da política monetária e cambial, se referir, em dois momentos e lugares distintos, primeiro à concessão de empréstimos (alínea c), e posteriormente à realização de operações de reporte (alínea i).

Entendemos que a referência à figura da concessão de empréstimo em «diferentes lugares do sistema legislativo», necessariamente entendido como um todo coerente que se deve articular, e a referência em simultâneo, num dos diplomas, à figura do Contrato de Reporte, demonstra que não pode ser o mesmo o sentido intrínseco dos dois fenómenos, sob pena de termos de considerar que o legislador daquela Lei Orgânica havia sido repetitivo e redundante.

Finalmente, se também atentarmos ao **ambiente histórico** (circunstâncias políticas, sociais, económicas, morais, etc.) que envolveu o nascimento e crescimento da figura, constatamos forçosamente que o Reporte surgiu da solicitação da sociedade para fazer face a carências próprias, incapazes de suprir pelos outros expedientes existentes, e que a determinada altura houve necessidade de se proceder à sua regulamentação jurídica, como realidade perfeita que então já era; certamente que se o legislador do Código

---

ção restritiva da citada disposição do Decreto-Lei n.° 276/94, de 02 de Novembro – assume, a nosso ver, particular interesse o primeiro parágrafo do Preâmbulo, onde se diz expressamente que «as operações de reporte efectuadas por conta de fundos de investimento mobiliário podem constituir técnicas adequadas e de reduzido risco para a rentabilização do património dos fundos».

[30] Aprovada pelo Decreto-Lei n.° 337/90, de 30 de Outubro, sucessivamente alterada pelo Decreto-Lei n.° 231/95, de 12 de Setembro e pelas Leis n.°s 3/96, de 05 de Fevereiro e 5/98, de 31 de Janeiro.

82 *A celebração de contratos de reporte por sociedades gestoras de FIM*

Comercial de 1888 não visse qualquer especialidade no fenómeno factual do Reporte, não teria sentido necessidade de o consagrar juridicamente.

Se tudo o que dissemos, seguindo sempre as orientações do Prof. BAPTISTA MACHADO, nos leva a concluir que quando o legislador proibiu as operações de crédito não pretendia proibir o Reporte, fará ainda mais sentido se, transpondo o problema para o momento actual, virmos que, face ao incontestável crescimento e expansão das Sociedades Gestoras de Fundos de Investimento Mobiliário, e ao inegável ressuscitar da figura do Reporte nos mercados financeiros, seria manifestamente inaceitável pretender que o legislador queria coarctar aquele crescimento vedando-lhes o acesso a um dos principais mecanismos de articulação entre mercados monetários e mercados de capitais.

Aliás, a utilidade e interesse reconhecidos a estas operações tornam-se inequívocos face às palavras do legislador da já mencionada Portaria n.º 291/96, de 10 de Dezembro, em cujo Preâmbulo se diz que **«o mercado de valores mobiliários muito tem a beneficiar com o desenvolvimento das operações de reporte, pelas funções de garantia e financiamento que podem potenciar»**. Veja-se também, com interesse por sublinhar a adequação do mecanismo do reporte às finalidades visadas pelos fundos de investimento mobiliário, o que se diz no Preâmbulo do Regulamento n.º 10/98 da Comissão do Mercado de Valores Mobiliários: **«os fundos de investimento mobiliário, enquanto patrimónios autónomos detentores de carteiras de valores mobiliários, ocupam no nosso mercado uma posição privilegiada como potenciais interventores em operações de reporte de valores mobiliários»**.

CONCLUSÕES

Por tudo o que acima ficou dito, somos levados a concluir que a participação das Sociedades Gestoras de Fundos de Investimento Mobiliário em Contratos de Reporte é admissível:

- **primeiro,** porque o Reporte não se esgota na figura do Empréstimo, apresentando antes um carácter multifacetado e complexo que se traduz em inúmeras especificidades do seu regime jurídico;

- **segundo,** porque as razões de segurança que explicam a proibição da prática de operações de crédito por parte das Sociedades Gestoras de Fundos de Investimento Mobiliário não podem valer face ao funcionamento da figura do Reporte;
- **terceiro,** porque a actividade gestora destas entidades engloba poderes de alienação e aquisição, pelo que igualmente não podemos entender que a celebração de Contratos de Reporte exorbita o seu âmbito de actuação;
- **finalmente,** tendo em conta a importância crescente do Reporte no contexto dos mercados financeiros, e o papel activo que aí desempenham as Sociedades Gestoras de Fundos de Investimento Mobiliário, não foi concerteza intenção do legislador construir obstáculos à sua marcha ascendente vedando-lhes o acesso a tais instrumentos.

BIBLIOGRAFIA

– Quanto à matéria do Contrato de Reporte:

«Do Reporte no Direito Comercial Português» – RUY ENNES ULRICH, Coimbra, Imprensa da Universidade, 1906.

«Comentário ao Código Comercial Português» – ADRIANO ANTHERO, Companhia Portuguesa Editora, Lda., Porto, Volumes II e III.

«Do Contrato de Compra e Venda – no Direito Civil, Comercial e Fiscal» – MANUEL BAPTISTA LOPES, Almedina, Coimbra, 1971.

«Código Comercial, Código das Sociedades, Legislação Complementar – Anotados» – ABÍLIO NETO, Ediforum, Edições Jurídicas, Lda., 1996.

«Da Compra e Venda no Direito Comercial Português» – LUÍS DA CUNHA GONÇALVES, Coimbra, Imprensa da Universidade, 1924.

«Código Civil Anotado» – PIRES DE LIMA e ANTUNES VARELA, Coimbra Editora, Lda., 1986, vol. II.

«Código Civil Anotado» – ABÍLIO NETO, Ediforum, Edições Jurídicas, Lda., 1995.

«O Desenvolvimento do Mercado de Operações de Reporte sobre Valores Mobiliários em Portugal» – RICARDO CRUZ, in Revista da Banca, n.º 30, Ano 1994.

«Diritto Commerciale», GIUSEPPE AULETTA e NICCOLÓ SALANITRO, Milano, Dott. A. Giuffré Editore, 1994

– Quanto à matéria das Sociedades Gestoras de Fundos de Investimento Mobiliário:

«Fundos de Investimento Mobiliário», Revista VALOR, Ano I, n.º 17, 28 de Fevereiro de 1992.

86 A celebração de contratos de reporte por sociedades gestoras de FIM

«Fundos de Investimento – Análise, Gestão e Performance», PEDRO EIRAS ANTUNES e ÁLVARO CAIRES PEIXOTO, Texto Editora.

«Mercados de Valores Mobiliários – Estudos e Estatísticas», Bolsa de Valores de Lisboa, Gabinete de Estudos, Julho a Setembro de 1992 e Terceiro Trimestre de 1993.

«Do Reporte: Subsídios para o Regime Jurídico do Mercado de Capitais e da Concessão de Crédito», ANTÓNIO MENEZES CORDEIRO, in «O Direito», Ano 121, 1989, III (Julho / Setembro).

«Fundos de Investimento Mobiliário», in «Dinheiro», Dezembro de 1987, Ano 2.

«Fundos de Investimento – Um Veículo Alternativo», in «Valor», Ano 2, n.º 67, 12 de Fevereiro de 1993.

«Novos Fundos e Actual Situação», in «Dinheiro», Ano 4, n.º 22, Julho/Setembro de 1989.

«Fundos de Investimento – nascer, crescer e multiplicar...», in «Dinheiro», Ano 4, n.º 22, Julho/Setembro de 1989.

«Fundos de Investimento – Instrumento de Canalização de Poupança por Excelência», CARLOS BASTARDO, in «InforBanca», Ano VI, n.º 23, Julho/ /Setembro de 1994.

«Valores Mobiliários: Conceito e Espécies», CARLOS OSÓRIO DE CASTRO, Universidade Católica Portuguesa, Editora, 1996.

Relatório Informativo da Associação das Sociedades Gestoras de Fundos de Investimento – Março de 1996.

«Introdução ao Direito e ao Discurso Legitimador», J. BAPTISTA MACHADO, Almedina, Coimbra, 1990.